猫あそび手芸

猫が夢中になる編みぐるみのおもちゃ25

KNITS FOR KITTIES

KNITS FOR KITTIES

猫あそび手芸

猫が夢中になる編みぐるみのおもちゃ25

サラ・エリザベス・ケルナー
SARA ELIZABETH KELLNER

X-Knowledge

KNITS FOR KITTIES
A QUARTO BOOK

Copyright © 2016 Quarto Inc.

Published in 2016 by
New Burlington Books
6 Blundell Street
London N7 9BH

All rights reserved. No part of this publication may be
reproduced or distributed in any form
or by any means without the written permission
of the copyright owner.

Japanese translation rights arranged
with Quarto Publishing Plc through Japan
UNI Agency, Inc., Tokyo

Printed in China

装丁・本文デザイン
山田知子（chichols）

翻訳
安武優子（編み方全般）
上川典子（その他）

翻訳協力
株式会社トランネット
http://www.trannet.co.jp

Contents

私の世界へようこそ 6

おもちゃの編み方 8
ちゅうちゅうネズミに夢中! 10
デシルの店のドーナツ 14
ぼくのテディベア 16
イモムシに首ったけ 20
小鳥さんバイバイ 22
かぐわしいキノコ 26
ぶんぶんハチさん 30
砂漠のヘビ 34
庭のカタツムリ 36
バッタ先生 38
ちびミトン 42
クリスマスのオーナメントボール 44
アザミのネコじゃらし 46
すやすやニャンコ 50
ひらひらチョウチョ 52
お誕生日おめでとう! 56

水からあがった魚 60
トカゲとジャンプ 64
クモがおりてきた 68
幸せを呼ぶ緑色のカエル 70
小エビちゃん 74
すいすいトンボ 78
テントウムシのお嬢さん 82
アライグマのしっぽ 86
レイジーデイジー 88

作り方のテクニック 90
材料と用具 92
主要なテクニック 94
基本の編み方 103

協力してくれた猫たち 106
略語 108
索引 110
謝辞 112

Welcome To My World

私の世界へようこそ

　ようこそ、Rabbit Hole Knitsの世界へ。実は私、ニットトイ（編みぐるみ）のたぐいは絶対に作らないと公言していました。だって、その頃の編みぐるみはモンスターが主流で、ほかのものも「漫画っぽい」と思うものばかり。しかも、平面的に編んで、いくつものパーツを縫い合わせて仕上げるものがほとんど。だから、まさか私にオリジナルが考案できるなんて、それも本物そっくりのものが私の好きな技法を駆使して作れるなんて、思ってもいませんでした。

　ところがある日、贈り物に動物を編みたかったのに、これだという編み図が見つからなくて、自分で考えるしかないな、ということになりました。ヒツジにしよう、輪編みでどうかしらとやってみて、その日のうちに編み図が完成しました。この作業が思いのほか楽しく満足度も高いので、やめられなくなっちゃったというわけです！

　私のアイデアの源泉については、Rabbit Hole Knits（www.rabbitholeknits.com）の作品を見れば一目瞭然でしょうね。そう、子どもと動物。一番は身近な家猫ちゃん！　中でも三毛猫は本当にかわいくて、いつも誰かしらと一緒に暮らしてきました。今はサニー・デュプリー嬢が編み物のお相手を務めてくれています。

　サニー・デュプリーは家の中も好きですが、西の荒野（うちの前庭）に出てバッタを狩ったり、チョウチョを追いかけたり

　するのも大好き。だから、本書に収録する作品は、彼女に決めてもらったんですよ。サニーが追いかけたら、あるいは猫パンチを浴びせたら、じりじりと忍び寄ったら、飛びかかったら、匂いを嗅いだら、そのおもちゃは合格。この本のために同じものをあらためて作りました。

　棒針4本での輪編みは初めてという方もいらっしゃるでしょうが、こうした小さなおもちゃは練習台にぴったり。ほとんどが2、3時間あれば編めますし、手元にある余り糸で作れます。

　編み物担当のあなたにも、遊び担当の猫ちゃんにも、心ゆくまで楽しんでもらえますように！

サラ・エリザベス・ケルナー

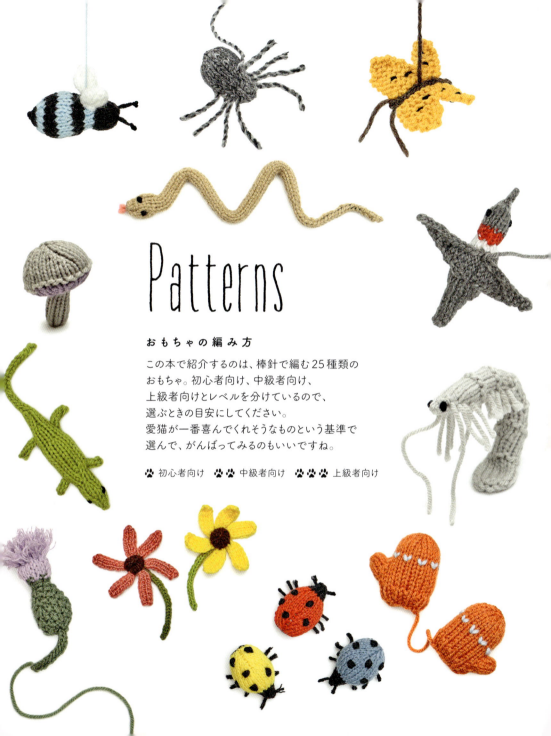

Patterns

おもちゃの編み方

この本で紹介するのは、棒針で編む25種類のおもちゃ。初心者向け、中級者向け、上級者向けとレベルを分けているので、選ぶときの目安にしてください。愛猫が一番喜んでくれそうなものという基準で選んで、がんばってみるのもいいですね。

🐾 初心者向け　🐾🐾 中級者向け　🐾🐾🐾 上級者向け

LEVEL：上級者向け

There's a mouse in the house!

**ちゅうちゅう
ネズミに夢中！**

小さなネズミが目に入ったら、
もうたまらない！
あなたの愛猫にも、
楽しい時間をプレゼント。
お腹にキャットニップを詰めて、
さあ、狩りのスタートです！

HOW TO

首部分から胴体を編みます。
A糸と4号針3本で13目作り目します。輪にして次のように編みます。特に記述のない限り、表編みをします。「増1＝増し目1回」、減らし目は、「左減＝左上2目1度」、「右減＝右上2目1度」をします。

1段め：13目
2段め：増1、12目、増1、1目（15目）
3段め〜4段め：15目
5段め：増1、14目、増1、1目（17目）
6〜7段め：17目
8段め：増1、1目、増1、14目、[増1、1目]×2回（21目）
9〜12段め：21目
13段め：[1目、左減]×3回、3目、[右減、1目]×3回（15目）
14段め：15目
15段め：[左減]×3回、3目、[右減]×3回（9目）
16段め：9目
17段め：[左減]×2回、1目、[右減]×2回（5目）
18段め：左減、1目、右減（3目）
19段め：1目編み、その目を針の右側にずらします。同じ針に残りの2目（輪編みの最後の目から先に）を移します。これで、1本の針に3目できました。

A糸を切ります。B糸と2号針に替えます。3目のアイコード（96ページ参照）を6.5cm編みます。次の段で、左減、表編み1目をして、2目のアイコードをもう2.5cm編みます。糸を切り、とじ針で残りの2目に通してきつく引きしめます。詰め物を胴体にしっかり詰めます。糸端は編み地にくぐらせて始末します。

次のページに続く ➡

PARTS

🐾 **毛糸**
並太タイプ2色：
A糸（胴体と頭）9m
B糸（しっぽ、足、耳）9m
余り糸：黒（目）※お好みで

🐾 **詰め物**
手芸綿、
あるいはキャットニップ
（西洋またたび）

🐾 **針**
棒針4本針4号
棒針4本針2号
とじ針

SIZE

長さ7.5cm
（しっぽは含まない）

12 TOY PATTERNS

4本の足は、
作り目の
糸端を使って、
胴体のお腹側に
縫い付けます。

頭

12ページの最初の作り目から編み目を拾い、編み始めます。A糸と4号針で、最初の作り目から順に1目ずつ13目拾います。(96ページ参照)。それから次のように編んでいきます。
Memo：2〜4段めは引き返し編み(97ページ参照)で、平らに編みます(輪には編みません)。詰め物は、編み進めながら詰めるか、8段編んでとじる前でもよいでしょう。

1段め：13目
2段め（平編み）：2目、引き返し編み、裏4、引き返し編み、2目
3段め（平編み）：3目、引き返し編み、裏6、引き返し編み、3目
4段め（平編み）：4目、引き返し編み、裏8、引き返し編み、4目
5段め：[1目、左減]×4回、1目(9目)
6段め：9目
7段め：[左減]×4回、1目(5目)
8段め：5目

糸を切り、とじ針で棒針にかかっている目に糸を通して、引きしめてとじます。糸端は、穴のあいたところをかがりながら編み地にくぐらせて始末します。お好みで、黒い糸で目を刺しゅうします。

足（4本）

B糸と2号針1本で3目作り目して、3目のアイコードを4段編みます。糸を切り、とじ針で棒針にかかっている目に通し、きつく引きしめてとじ、糸端は編み地にくぐらせます。上の写真のように、作り目の糸端で、4本の足の作り目側をすべて胴体の下側に縫い付けます。

耳（2枚）

B糸と2号針1本で5目作り目して、次のように平編みします。
1段め：向こう側から針を入れてすべり目、裏4
2段め：手前から針を入れてすべり目、4目
3段め：向こう側から針を入れてすべり目、裏4
作り目の糸端を裏側の編み地にくぐらせます。糸を切り、とじ針で棒針にかかっている5目に通して、耳の下部分ぎりぎりのところで引きしめてまとめます。編み終わりの糸を頭に縫い付けます。

目を刺しゅうすると、ネズミが生き生きしてきますょ。

Desilu's doughnut

LEVEL：上級者向け

デシルの店のドーナツ

最高にかわいくて楽しい、"デシル"特製のスペシャルなおやつをどうぞ！
キャットニップ入りだから、本当にうっとり。

PARTS

🐾 **毛糸**
並太タイプ：18m
余り糸（トッピング用）：上の糸と別の色を使用

🐾 **詰め物**
手芸綿、あるいはキャットニップ（西洋またたび）

🐾 **針**
棒針4本針4号　とじ針

SIZE
直径7.5cm

HOW TO

4本針3本で12目作り目します。輪にして次のように編みます。特に記述のない限り、表編みをします。

1段め：12目
2段め：4目、引き返し編み、裏8、引き返し編み（97ページ参照）、4目

1～2段めの編み方をさらに21回繰り返すか、または編み始めと編み終わりが合わさるところまで編みます（繰り返しの回数は糸の種類によって多少異なります）。あるいは、引き返し編みの穴をなるべく小さくするために、平編みで編み始めることもできます。

すべての目を伏せ目します。ドーナツに詰め物をして、2辺を縫い合わせます。色とりどりのトッピングを毛糸で刺しゅうしても、飾りなしのままでもよいでしょう。

A teddy of his own

LEVEL：上級者向け

ぼくのテディベア

猫だって自分のテディベアが欲しいはず。どんなお洋服にしましょうか。
余り糸をうまく使ってデザインしてね。

HOW TO

特に記述のない限り、表編みをします。「増1＝増し目1回」、減らし目は、「左減＝左上2目1度」、「右減＝右上2目1度」をします。

胴体

首部分から編みます。
A糸と4本針3本で18目作り目します。輪にして次のように編みます。

1段め：18目
2段め：2目、増1、1目、増1、2目、増1、1目、増1、5目、増1、1目、増1、2目、増1、1目、増1、3目（26目）
3段め：26目
4段め：3目、増1、1目、増1、4目、増1、1目、増1、7目、増1、1目、増1、4目、増1、1目、増1、4目（34目）
5段め：34目
6段め：4目、増1、1目、増1、6目、増1、1目、増1、9目、増1、1目、増1、6目、増1、1目、増1、5目（42目）
7段め：42目
8段め：5目、増1、1目、増1、8目、増1、1目、増1、11目、増1、1目、増1、8目、増1、1目、増1、6目（50目）
9段め：50目
10段め：7目、別糸を使って次の11目（腕の部分）を休ませ、14目、別糸を使って次の11目（もう片方の腕の部分）を休ませ、7目（28目）
11段め：28目
12段め：6目、増1、2目、増1、12目、増1、2目、増1、6目（32目）
13～16段め：32目
17段め：裏32
18段め：32目
19段め：裏32
A糸を切ります。

足（2本）

B糸に替えて、次のように編みます。

PARTS

🐾 毛糸
　並太タイプ3色：
　A糸（シャツ）9m
　B糸（パンツ）7.3m
　C糸（手、足、頭、口周り）9m
　余り糸：黒（目、鼻、口）
　別糸：お好み（腕、足を作るときに使います）

🐾 詰め物
　手芸綿、あるいはキャットニップ（西洋またたび）

🐾 針
　棒針4本針4号
　とじ針

SIZE

身長18cm

1～4段め：32目
5段め：16目、別糸を使って次の16目を休ませ、2目作り目をして、4本針3本に分けます（6目ずつ）。輪にして次のように編みます。
6～15段め：18目
B糸を切ります。C糸に替えて、編みます。
16～21段め：18目
22段め：［左減］×9回（9目）
糸を切り、とじ針で残りの編み目に糸を通して引きしめます。糸端はすべて編み地にくぐらせます。もう片方の足を編みます。
別糸を使って4本針3本に16目作り、2目作り目をして、4本針3本に分け（6目ずつ）、輪にします。
上記の6～22段を繰り返します。
糸を切り、とじ針で棒針にかかっている目に糸を通して引きしめます。糸端はすべて編み地にくぐらせます。

次のページに続く ➡

お好きな色と模様で、洋服をカスタマイズしましょう。

18 TOY PATTERNS

縞模様のセーターは、段差が必ず背中側にくるようにしましょう。

手（2本）

2本の針に別糸を使って11目作り目します。A糸で、脇の下から3目拾います（96ページ参照）。輪にして次のように編みます。

1〜5段め：14目

A糸を切ります。C糸に替えて、編みます。

6〜11段め：14目

12段め：［左減］×7回（7目）

糸を切り、とじ針で棒針にかかっている目に糸を通して引きしめます。糸端はすべて編み地にくぐらせます。もう片方の手を編みます。2本の針に別糸を使って11目作り、上の1〜12段を繰り返して、2本めの手を作ります。腕下の穴は全部かがります。

足と足の間の穴を縫うために、編み地を裏返しにして、穴をつまみます。前から後ろ（または逆）を縫い、表に返して同じように縫います。首の開いているところから、胴体に詰め物をします。

頭

C糸で胴体の最初の作り目（テディベアの背中側の中央）から18目拾います。作り目のそれぞれの目から、1目ずつ拾います。輪にして次のように編みます。

1段め：18目

2段め：3目、増1、2目、増1、8目、増1、2目、増1、3目（22目）

3段め：22目

4段め：4目、増1、2目、増1、10目、増1、2目、増1、4目（26目）

5段め：26目

6段め：5目、増1、2目、増1、12目、増1、2目、増1、5目（30目）

7段め：30目

8段め：6目、増1、2目、増1、14目、増1、2目、増1、6目（34目）

9〜13段め：34目

14段め：6目、右減、2目、左減、10目、右減、2目、左減、6目（30目）

15段め：5目、右減、2目、左減、8目、右減、2目、左減、5目（26目）

16段め：4目、右減、2目、左減、6目、右減、2目、左減、4目（22目）

17段め：3目、右減、2目、左減、4目、右減、2目、左減、3目（18目）

18段め：2目、右減、2目、左減、2目、右減、2目、左減、2目（14目）

19段め：1目、右減、2目、左減、右減、2目、左減、1目（10目）

糸を切り、とじ針で棒針にかかっている目に糸を通して引きしめます。とじる前に頭に詰め物をします。糸端は編み地にくぐらせます。

口周り

C糸で、3本の針に6目作り目します。輪にして次のように編みます。

1段め：6目

2段め：［増1、1目］×6回（12目）

3段め：12目

4段め：［増1、2目］×6回（18目）

すべての目を伏せ目します。顔に縫い付け、縫い終わる手前で詰め物をします。

耳（2枚）

C糸で、3本の針に12目作り目をします。輪にして次のように編みます。

1〜3段め：12目

4段め：［左減］×6回（6目）

糸を切り、とじ針で棒針にかかっている目に糸を通して引きしめます。詰め物をせずに顔に縫い付けます。

余り糸で鼻、口、目を刺しゅうします。

20 TOY PATTERNS

Caterpillar crazy

LEVEL：初心者向け

イモムシに首ったけ

キモカワイイとは、まさにこのこと。簡単なのに、どこまでも楽しくアレンジできるイモムシです。
やんちゃなあの子にあげたら、にじり寄って、飛びかかって、裏庭で大はしゃぎ。

PARTS

🐾 **毛糸**
並太タイプ3色：
A糸（胴体）6.4m
B糸（縞模様）4.5m
C糸（点部分）1m

🐾 **針**
棒針4本針4号
とじ針

SIZE

長さ11.5cm

POINT

🐾 この作品では、並太毛糸は軽いものよりも重いものを選んでください。

🐾 糸の継ぎ目をなるべく目立たせないため、糸を替えるたびに、必ず前の糸の上（手前）に次の糸が来るようにしてください。

🐾 イモムシには詰め物はしません。

HOW TO

頭から編みます。特に記述のない限り、表編みをします。「増1＝増し目1回」、減らし目は、「左減＝左上2目1度」、「右減＝右上2目1度」をします。
A糸と針3本で6目作り目します。輪にして次のように編みます。

1段め：（A糸）6目
2段め：（B糸）1目、増1、4目、増1、1目（8目）
3〜6段め：（A糸）8目
7段め：（B糸）8目
8〜11段め：（A糸）8目
12〜31段め：7〜11段めをもう4回繰り返してから、次の段を編みます。
32段め：（B糸）1目、左減、2目、右減、1目（6目）
33〜34段め：（A糸）6目

糸を切り、とじ針で棒針にかかっている目に糸を通して引きしめます。両側の糸端は編み地にくぐらせます。

・上の写真のように、B糸のそれぞれの縞模様の上にC糸で4つの小さな点を刺しゅうします。
・小さな触角を2本、B糸で作ります（102ページ参照）。
・イモムシの胴体節を作りましょう。まずB糸を20cmずつ切り、6本用意します。そのうちの1本を、イモムシのB糸の縞と縞の間の中央にゆるく巻きつけたあと、きつく結びます。最初の結び目の上で、もう一度結びます。糸端をとじ針に通し、イモムシの中を通って結び目のところへ、そして胴体のB糸の縞模様ぎりぎりのところから針を出し、糸を切ります。

もう一方の糸端も同じようにします。残りの5本の糸も同じようにして胴体節を作ります。

Bye-bye birdie

LEVEL：上級者向け

小鳥さんバイバイ

飛び回るのが大好きな子には、小さなハチドリがぴったり。
紐に結わえてやれば、部屋中を追いかけ回しますよ。

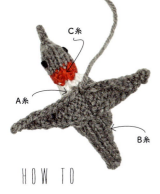

HOW TO

特に記述のない限り、表編みをします。「増1＝増し目1回」、減らし目は、「左減＝左上2目1度」、「右減＝右上2目1度」をします。

胴体

首部分から編みます。
A糸で、4号針で9目作り目します。
輪にして次のように編みます。
1段め：9目
2段め：[増1、3目]×3回（12目）
A糸を切って、B糸に替えます。
3段め：12目
4段め：5目、増1、2目、増1、5目（14目）
5段め：14目
6段め：5目、増1、4目、増1、5目（16目）
7～9段め：16目
10段め：5目、右減、2目、左減、5目（14目）
11段め：4目、右減、2目、左減、4目（12目）
12段め：3目、右減、2目、左減、3目（10目）
13段め：2目、右減、2目、左減、2目（8目）
14～16段め：8目
17段め：2目、右減、左減、2目（6目）
18～20段め：6目

糸を切り、とじ針で棒針にかかっている目に糸を通して引きしめます。両側の糸端は編み地にくぐらせます。作り目から10段め辺りまで（減らし目を始めたところ）胴体に詰め物をします。しっぽには詰め物はせず、平らなままにしておきます。

Memo：胴体の目を増減した部分は、ハチドリの下側（腹）になります。

次のページに続く ➡

PARTS

🐾 毛糸
並太タイプ3色：
A糸(胸)1.8m
B糸(胴体、頭、羽)9m
C糸(喉)1.8m
余り糸：黒(目)

🐾 詰め物
手芸綿、あるいはキャットニップ
（西洋またたび）

🐾 針
棒針4本針4号
棒針4本針2号
とじ針

SIZE

長さ10cm

MEMO

この作品でご紹介した糸の種類は、3色の色使いで鳥を作るためのものです。もちろん、あなただけのハチドリを作るなら、何色でも、どんな組み合わせでもよいでしょう。

BYE-BYE BIRDIE 25

頭

C糸と4号針で、最初の作り目（鳥の背中の中央）のそれぞれの目から1目ずつ9目拾います（96ページ参照）。次のように編みます。

1〜2段め：9目
C糸を切って、B糸に替えます。
3段め：9目
4段め：2目、引き返し編み（97ページ参照）、裏4、引き返し編み、2目
5段め：2目、引き返し編み、裏4、引き返し編み、2目
6段め：2目、引き返し編み、裏4、引き返し編み、2目
7段め：9目

ここで頭に詰め物をします。

2号針に替え、次の段を編みます。頭の残りの部分とくちばしを編みます。

8段め：2目、右減、1目、左減、2目（7目）
9段め：1目、右減、1目、左減、1目（5目）
10段め：右減、1目、左減（これを1本の針で編みます）（3目）

針の右側に編み目をずらします（96ページのアイコードのようにする）。それから左減、表編み1目をします。もう3段、2目のアイコード（96ページ参照）を編みます。糸を切り、とじ針で棒針にかかっている目に糸を通して引きしめ、編み地にくぐらせます。糸端は、首や頭の穴をかがるのに使います。

右の羽

4号針で、羽を作るためにハチドリの背中に沿って目を拾います。

A糸の最後の段（3段め）のすぐ下から始めて、頭の右側、背中の中央下のラインを6目拾い、平編み（輪編みにしないこと）していきます。1段編むたびに編み地を返します。すべて向こうから針を入れてすべり目します。

1段め：すべり目、裏5（6目）
2段め：すべり目、5目
3段め：すべり目、裏5
4段め：すべり目、3目、左減（5目）
5段め：すべり目、裏4
6段め：すべり目、4目
7段め：すべり目、裏4
8段め：すべり目、2目、左減（4目）
9段め：すべり目、裏3
10段め：すべり目、3目
11段め：すべり目、裏3
12段め：すべり目、1目、左減（3目）
13段め：すべり目、裏2
14段め：すべり目、2目
15段め：すべり目、裏2
16段め：すべり目、左減（2目）
17段め：すべり目、裏1
18段め：左減（1目）

糸を切り、とじ針で棒針にかかっている目に糸を通して引きしめます。糸端は裏地にくぐらせます。

左の羽

ハチドリの向きを変えます（頭を左向きに）。先に編んだ羽の縁に沿ってさらに6目拾います。次のように編んで、先に編んだ羽と同じように、1段編むたびに編み地を返します。すべて向こうから針を入れてすべり目します。

1段め：すべり目、裏5（6目）
2段め：すべり目、5目
3段め：すべり目、裏5
4段め：右減、4目（5目）
5段め：すべり目、裏4
6段め：すべり目、4目
7段め：すべり目、裏4
8段め：右減、3目（4目）
9段め：すべり目、裏3
10段め：すべり目、3目
11段め：すべり目、裏3
12段め：右減、2目（3目）
13段め：すべり目、裏2
14段め：すべり目、2目
15段め：すべり目、裏2
16段め：右減、1目（2目）
17段め：すべり目、裏1
18段め：右減（1目）

糸を切り、とじ針で棒針にかかっている目に糸を通して引きしめます。糸端は裏地にくぐらせます。

黒の毛糸で目を刺しゅうしてもよいでしょう。

お好みで、撚り糸を鳥の背中につけます。猫の目の前にぶら下げることができます（102ページ参照）。

MELLOW MOSHROOM 27

Mellow mushroom

LEVEL：初心者向け

かぐわしいキノコ

楽しみながらすぐに編める小さなキノコ。
ちょちょいと詰め物をして形を整えるだけで、
ころんと愛らしい姿になります。
キャットニップ入りなら、猫ちゃんも大喜び。

PARTS

- **毛糸**
  並太タイプ2色：
  A糸（軸、かさ）9m
  B糸（かさの裏）4.5m
- **詰め物**
  手芸綿、あるいはキャットニップ
  （西洋またたび）
- **針**
  棒針4本針4号
  とじ針

SIZE
高さ6.5cm

次のページに続く ➡

HOW TO

軸の下の方から編みます。特に記述のない限り、表編みをします。減らし目は、「左減＝左上2目1度」をします。

A糸を20cm残して、4本針3本で8目作り目します。輪にして約3.8cmまたは好みの軸の長さまですべて表編みします。B糸に替えて次のように編んでいきます。

1段め：8目
2段め：［ねじり目、1目］×4回（12目）
3段め：［ねじり目］×12回（24目）
4〜7段め：［1目、裏1］×12回

A糸に戻して次のように編みます。

8段め：24目
9段め：裏24
10〜13段め：24目

軸に詰め物をしますが、軸の半分より下の部分には多めに詰めます。次のように続けます。

14段め：［左減、4目］×4回（20目）
15段め：20目
16段め：［左減、3目］×4回（16目）
17段め：16目
18段め：［左減、2目］×4回（12目）
19段め：12目
20段め：［左減、1目］×4回（8目）

かさの部分に詰め物をします。

21段め：［左減］×4回（4目）

糸を切り、とじ針で棒針にかかっている目に糸を通して引きしめます。続けて、キノコのかさの中央から下に向かってとじ針を通し、かさの別の部分から針を出して、頭を尖らせないようにゆるめに引きしめます。糸端は編み地にくぐらせます。

作り目の余り糸は、軸の下の部分を縫い合わせるのに使います。

🐾 キノコの形を作るための
POINT

軸の下の部分を縫い合わせたのち、軸の底中央から針を入れ、かさの上から出します。軸がかさに埋まるように、糸端をゆっくりと引きしめます。こうすることで軸がゆるやかなカーブを描き、本物のキノコのようにきれいに仕上がります。キノコのかさのてっぺんが尖らずに丸くなり、かさの下側が平らになっていることを確かめてください。

キノコの軸の糸端をかさの中に通して、ここから出します。

かさの下の部分は、きれいな平らになります。

30 TOY PATTERNS

Bumblebee

ぶんぶんハチさん

外に出られないときは、ハチさんのほうに来てもらいましょう。
長い紐の先で忙しく飛び回るハチに、愛猫も大興奮！

LEVEL：中級者向け

HOW TO

ハチの胴体の下側から編みます。特に記述のない限り、表編みをします。「増1＝増し目1回」、減らし目は、「左減＝左上2目1度」をします。

A糸と4本針3本で6目作り目します。輪にして次のように編みます。

Memo：色を替えるときは糸を切らず、内側に渡すだけにします。

1段め：6目
2段め：[1目、増1、1目]×3回（9目）

B糸
3段め：9目
4段め：[1目、増1、2目]×3回（12目）
5段め：12目

A糸
6段め：[1目、増1、3目]×3回（15目）
7段め：15目
8段め：[1目、増1、4目]×3回（18目）

次のページに続く ➡

PARTS

❀ 毛糸
並太タイプ3色：
A糸（頭、胴体、触角）3.6m
B糸（縞模様）2.7m
C糸（羽）1.8m

❀ 詰め物
手芸綿、あるいはキャットニップ（西洋またたび）

❀ 針
棒針4本針4号　とじ針

SIZE

長さ7.5cm

B糸
9〜11段め：18目

A糸
12段め：[左減、4目]×3回（15目）
13〜14段め：15目
15段め：[左減、3目]×3回（12目）
16〜17段め：12目
B糸を切ります。胴体に詰め物を固く詰めてください。ハチの頭はA糸だけで編みます。

18段め：[左減、2目]×3回（9目）
19段め：9目
20段め：[1目、増1、1目、増1、1目]×3回（15目）
21〜23段め：15目
24段め：[左減、1目、左減]×3回（9目）
少量の詰め物を巨峰ぐらいの大きさに丸め、頭の部分に詰めてください。首の部分には詰めません。糸を切り、とじ針で棒針にかかっている目に糸を通して引きしめ、糸をしっかりとめます。

触角（2本）
頭の上から触角が出るように、糸を2本とめつけます。頭から約2cmのところで結び目を3〜4個作り、結び目ぎりぎりのところで糸を切ります。

羽（2枚）
C糸で、3本の針に6目作り目して、輪にして、次のように編みます。

1段め：6目
2段め：[1目、増1、1目]×3回（9目）
3〜6段め：9目
7段め：[左減、1目]×3回（6目）

糸を切り、とじ針で棒針にかかっている目に糸を通して引きしめます。頭のすぐ後ろの背中の部分に縫い付けてできあがりです。作り目の糸端で反対側を縫ってとじます。
お好みで、撚り糸をハチの背中につけます。猫の目の前にぶら下げることができます（102ページ参照）。

Desert snake

LEVEL：中級者向け

砂漠のヘビ

ヘビの体はワイヤー入り。ニョロニョロと好きな形に曲げられるから、まるで本当にのたくっているみたいです。

HOW TO

鼻先から編みます。特に記述のない限り、表編みをします。「増1＝増し目1回」、減らし目は、「左減＝左上2目1度」をします。

4本針3本で6目作り目します。輪にして次のように編みます。

1〜2段め：6目
3段め：[増1、2目]×3回（9目）
4〜6段め：9目
7段め：[左減、1目]×3回（6目）

23cmすべて表編みをして、ワイヤーをまっすぐ頭と胴体に入れます。ヘビの残りの部分は、ワイヤーの周りを編んでいきます。

次の段：[左減]×3回（3目）
すべての編み目を1本の針に移し、3目のアイコード（96ページ参照）を5cm編みます。

次の段：左減、1目（2目）
2目のアイコードを2.5cm編みます。糸を切って、とじ針で残りの2目に糸を通します。必要ならワイヤーの先を切ります。糸端は編み地にくぐらせます。

フレンチノットステッチ（101ページ参照）で目を刺しゅうします。
ピンクの毛糸を、鼻先のところで輪にして、舌を作ります。真ん中を切ります。
ヘビを前後に曲げて、動いているように見せましょう。

PARTS

🐾 毛糸
  並太タイプ：9m
  余り糸：黒（目）、ピンク（舌）
  ワイヤー：30.5cm

🐾 針
  棒針4本針4号
  とじ針

SIZE

30.5cm（伸ばした状態）

Garden snail

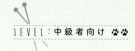　LEVEL：中級者向け

庭のカタツムリ

なんとも愛嬌のある、小さなカタツムリ。しかも、殻の作り方は拍子抜けするほど簡単なんです。
あの子のお気に入りになることまちがいなし。

HOW TO

特に記述のない限り、表編みをします。「増1＝増し目1回」、減らし目は、「左減＝左上2目1度」をします。

胴体

A糸で、針1本に4目作り目します。編み目を針右側にずらし（96ページのアイコードのようにする）、すべて表編みをします。
もう一度針の右側にずらして［増1、表2目］×2回。3本の針に6目の編み目を分けます。輪にして次のように編みます。
Memo：編みながら胴体に少し詰め物をするか、15段まで編み終えてから一度に詰めてもよいでしょう。詰めすぎないように注意しましょう。

1～15段め：6目
16段め：左減、4目（5）
17段め：5目
18段め：左減、3目（4）
19段め：4目
糸を切り、とじ針で棒針にかかっている目に糸を通して引きしめます。糸端は編み地にくぐらせます。

触角を2本作り（102ページ参照）、2つ小さな点を黒で刺しゅうして、目を作ります。

殻

B糸を、殻を胴体に縫い付けるために約25cm残して、針3本に12目作り目をします。輪にして次のように編みます。

1～10段め：12目
11段め：左減、10目（11）
12～19段め：11目
20段め：左減、9目（10）
21～26段め：10目
27段め：左減、8目（9）
28～31段め：9目
32段め：左減、7目（8）
33～34段め：8目
35段め：左減、6目（7）
36～37段め：7目
38段め：左減、5目（6）
39～40段め：6目
41段め：左減、4目（5）
42～43段め：5目
44段め：左減、3目（4）
45～46段め：4目

PARTS

🐾 **毛糸**
並太タイプ2色：
A糸（胴体）4.5m
B糸（殻）7.3m
余り糸：黒（目）

🐾 **詰め物**
手芸綿、あるいはキャットニップ（西洋またたび）

🐾 **針**
棒針4本針4号　とじ針

SIZE

長さ7.5cm

糸を切り、とじ針で棒針にかかっている目に糸を通して引きしめます。糸端は編み地にくぐらせます。軽く詰め物をします。頭から約1.2cm後ろの背中に、殻の作り目部分を縫い付けて、殻の残りを丸めて縫いとめます。完成した殻を胴体に縫い付けます。

胴体の右側にとめつける前に、殻をぐるぐると巻きます。

100～102ページの説明を読んで、目や触角など細かい部分を仕上げましょう。

LEVEL：中級者向け

Mr.Grasshopper

バッタ先生

腰が引けそうですが、実はこのバッタ、見かけほど難しくありません。足や触角がぴょこぴょこ飛び出ているから、つかんだり、かじったり、いつまでも楽しく遊んでくれますよ。

MR. GRASSHOPPER 39

HOW TO

首部分から編みます。特に記述のない限り、表編みをします。「増1＝増し目1回」、減らし目は、「左減＝左上2目1度」、「右減＝右上2目1度」をします。

針3本で9目作り目します。輪にして次のように編みます。

1段め：9目
2段め：3目、[増1、1目]×3回、3目（12目）
3～17段め：12目
18段め：左減、8目、右減（10目）
19～22段め：10目
23段め：左減、6目、右減（8目）
24～27段め：8目
28段め：[左減]×4回（4目）
29段め：4目

糸を切り、とじ針で棒針にかかっている目に糸を通して引きしめます。両方の糸端は編み地にくぐらせます。首の開いたところから胴体に詰め物をします。減らし目をした面は、バッタの背中側になります。

頭

3本の針に6目作り目をします。輪にして次のように編みます。

1段め：6目
2段め：[増1、2目]×3回（9目）
3～4段め：9目
5段め：[左減、1目]×3回（6目）
6～7段め：6目

糸を切り、とじ針で棒針にかかっている目に糸を通して引きしめます。詰め物を足して、糸を引き、作り目側を上にして、首の開いているところに頭を縫い合わせます。糸端は編み地にくぐらせます。

Memo：後ろ足の細い部分と前足、中足は、撚り糸で作ります。まず、片方の手で糸をしっかり固定して、糸を十分にねじります。この撚り糸をバッタの胴体に通して、ねじれが戻らないように、糸端に結び目を作ります。

次のページに続く➡

PARTS

🐾 **毛糸**
並太タイプ：18.25m
余り糸：黒、黄（刺しゅう用）

🐾 **詰物**
手芸綿、あるいはキャットニップ（西洋またたび）

🐾 **針**
棒針4本針4号　とじ針

SIZE

長さ11.5cm

メリヤス刺しゅうの
方法は、101ページを
ご覧ください。

前足は、
頭のすぐ後ろにつけます。

25cmの撚り糸で、
後ろ足を胴体に
しっかり固定します。

後ろ足（2本）

針3本に6目作り目します。輪にして次のように編みます。

1～3段め：6目
4段め：左減、4目（5目）
5～7段め：5目
8段め：左減、3目（すべて1本の針に）（4目）

後ろ足の9～17段めはアイコード（96ページ参照）で編みます。1段編むたびに、針の右側に編み目をすべらせて、最後に編んだ目から出ている糸で編みます。

9～11段め：4目
12段め：左減、2目（3目）
13～15段め：3目
16段め：[ねじり目]×3回（6目）
17段め：6目

後ろ足の細い部分を作るために約25cm残して糸を切ります。とじ針で棒針にかかっている目に糸を通して引きしめます。

前ページと同様に、25cmの糸をねじります。ねじった部分の足が、編んだ部分の足と同じくらいの長さになるように折りたたみます（糸の余りの部分は関節の中にくぐらせます）。写真のように、足の太い部分の外側に、メリヤス刺しゅう（101ページ参照）をしてもよいでしょう。

作り目の糸端でバッタの胴体の中央に縫い付けます。足の正確な場所は写真を参照してください。

ねじった糸の端をとじ針に通して、バッタの尾の先の方の編み目に引き出します。適当な場所にしっかり固定するために、ねじった糸の近くで結び目を作ります。

前足、中足（各2本）

前足を作ります。約25cmの長さに糸を切り、ねじってから半分に折ります。とじ針に通し、頭のすぐ下の胴体の側面から反対側の側面へ針を刺して糸を通します。

胴体の両側で好みの長さ（約3.8cm）に調整します。糸の端に結び目を作り、結び目のぎりぎりで糸を切ります。

中足を同じ方法で作り、バッタの後ろ足の下に、とじ針で糸を通します。

黄色の毛糸で尾のほうに縞模様を、黒い毛糸で目を刺しゅうします。触角もつけます（詳細は102ページ参照）。

Kitten mittens

 LEVEL：中級者向け

ちびミトン

冬にうれしい、あったかちびミトン。単色で編んでもかわいいけれど、
余り糸がいろいろあるなら、ぜひオリジナルのデザインに挑戦してみて。

KITTEN MITTENS 43

ミトンはデザインも
飾りつけも
自由にアレンジ
しましょう。

HOW TO

針3本で18目作り目します。輪にして次のように編みます。特に記述のない限り、表編みをします。「増1＝増し目1回」、減らし目は、「左減＝左上2目1度」をします。

1～3段め：[1目、裏1]×9回
4～5段め：18目
6段め：増1、1目、増1、17目（20目）
7段め：20目
8段め：増1、3目、増1、17目（22目）
9段め：別糸に最初の5目を移し、右側の針に1目作り目をして、17目（18目）
10～15段め：18目
16段め：[1目、左減]×6回（12目）
17段め：12目

糸を切り、とじ針で棒針にかかっている目に糸を通して引きしめます。別糸にかかっている5目を2本の針にかけます。

3本目の針で、内側の親指で合計8目（96ページ参照）になるように、3目新しい目を拾います。そして表編みを3段編みます。

糸を切り、とじ針で棒針にかかっている目に糸を通して引きしめます。糸端はミトンの内側にくぐらせます。

詰め物をして、下部に沿ってとじます。同じものをもうひとつ作って、短い糸で最初のミトンとつなげてもよいでしょう。

ミトンを縞模様やメリヤス刺しゅうで飾りましょう。

PARTS

❄ 毛糸
  並太タイプ：13.75m（ミトン2つ分）
  余り糸（刺しゅう用）
❄ 詰め物
  手芸綿、あるいはキャットニップ（西洋またたび）
❄ 針
  棒針4本針4号　とじ針

SIZE 長さ6.5cm

Jingle-bell ball

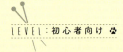

クリスマスのオーナメントボール

ボールを床の上で転がしたり、空中ではたいたり。
動くと中の鈴が鳴るから、音にも夢中！

JINGLE-BELL BALL

いろいろな色の糸を
9m用意します。

金属製の小さなおもちゃの鈴

HOW TO

針3本で6目作り目します。輪にして次のように編みます。特に記述のない限り、表編みをします。「増1＝増し目1回」、減らし目は、「左減＝左上2目1度」をします。

1段め：6目
2段め：[増1、1目]×6回（12目）
3段め：12目
4段め：[増1、2目]×6回（18目）
5段め：18目
6段め：[増1、3目]×6回（24目）
7段め：24目
8段め：[増1、4目]×6回（30目）
9～11段め：30目
12段め：[左減、3目]×6回（24目）
13段め：24目
14段め：[左減、2目]×6回（18目）
15段め：18目
16段め：[左減、1目]×6回（12目）
17段め：12目
18段め：[左減]×6回（6目）
19段め：6目

糸を切り、とじ針で棒針にかかっている目に糸を通しますが、まだ引きしめないように。ボールの下半分にかなりきつく詰め物をして、鈴を入れます。側面すべてと鈴の上にさらに詰め物をします。糸を引きしめて、糸端は編み地にくぐらせます。

Memo：縞やその他の模様は、どんなふうにでも好きなように付け加えられます。

お好みで、撚り糸をボールにつけます。猫の目の前にぶら下げることができます（102ページ参照）。

PARTS

🐾 **毛糸**
並太タイプ：9m
（1色または多色で）

🐾 **詰め物**
手芸綿、
あるいはキャットニップ
（西洋またたび）
鈴：1個（2cm以下）

🐾 **針**
棒針4本針4号
とじ針

SIZE

直径5cm

LEVEL：中級者向け

Tickle my thistle

アザミのネコじゃらし

スコットランドの風を
運んでくれるアザミ*ですが、
本物と違ってトゲはありません。
やわらかなニットの
花の触り心地を、
心ゆくまで楽しめます。

*アザミはスコットランドの国花

Memo 特別な編み方

Kfbfbf＝1つの目の中で、表編み（K）を手前から（f）、向こうから（b）、手前から（f）、向こうから（b）、手前から（f）編みます。4目増えたことになります（全部で5目）。編む糸をゆるくしておくと編みやすくなります。

Kfbf＝1つの目の中で、表編み（K）を手前から（f）、向こうから（b）、手前から（f）編みます。2目増えたことになります（全部で3目）。

PARTS

❧ 毛糸
並太タイプ2色：
A糸(茎、土台)4.5m
B糸(花)4.5m

❧ 詰め物
手芸綿、
あるいはキャットニップ
(西洋またたび)

❧ 針
棒針4本針4号　とじ針

SIZE
直径7.5cm(茎は含まない)

HOW TO

茎の下側から編みます。特に記述のない限り、表編みをします。減らし目は「左減＝左上2目1度」をします。

A糸と針1本で3目作り目します。このおもちゃを猫の目の前にぶらさげることができるように、糸端は30cm残しておきます。そして3目のアイコード(96ページ参照)を5cm編みます。最初の目に［Kfbfbf］を編みます。別の針で次の目も、また別の針で最後の目も、同様に［Kfbfbf］を編みます。これで3本の針に15目できているはずです。

次のページに続く➡

輪にして次のように編みます。

1段め：［1目、裏1］×7回、1目
2段め：［裏1、1目］×7回、裏1
3段め：［1目、裏1］×7回、1目
4段め：［裏1、1目］×7回、裏1
5段め：［1目、裏1］×7回、1目
6段め：［左減、裏1、1目、裏1］×3回（12目）
7段め：［裏1、1目］×6回
8段め：［1目、裏1］×6回
9段め：［左減、裏1、1目］×3回（9目）
10段め：［裏1、1目、裏1］×3回
11段め：［1目、裏1、1目］×3回
12段め：［左減、裏1］×3回（6目）
13段め：［裏1、1目］×3回
14段め：［1目、裏1］×3回

アザミの土台部分に詰め物をします。
A糸を切り、B糸に替えて、
次のように編み続けます。

15段め：［Kfbf］×6回（18目）
16～18段め：18目
19段め：［左減、1目］×6回（12目）
20段め：［左減］×6回（6目）

花に詰め物をします。
糸を切り、とじ針で棒針にかかっている目に糸を通して引きしめます。糸端は編み地にくぐらせます。

花の上部分は、約2cm長さの撚り糸を数本加えて作ります。糸をほぐして好みの長さにカットしましょう。本数が多いほど、ふわふわの花になります。

Kitty cat head

すやすやニャンコ

いろんな色で編んで、1つは愛猫そっくりに仕上げて。
どれが自分か、わかるかな？

LEVEL：中級者向け

KITTY CAT HEAD 51

PARTS

🐾 **毛糸**
並太タイプ：13.75m
余り糸：(目、鼻)
別糸

🐾 **詰め物**
手芸綿、あるいは
キャットニップ
（西洋またたび）

🐾 **針**
棒針4本針4号
とじ針

SIZE
幅7.5cm

HOW TO

首部分から頭に向かって編みます。
針3本で18目作り目します。輪にして次のように編みます。特に記述のない限り、表編みをします。減らし目は「左減＝左上2目1度」「右減＝右上2目1度」をします。

1段め：18目
2段め：1目、増1、7目、増1、2目、増1、7目、増1、1目（22目）
3段め：22目
4段め：1目、増1、9目、増1、2目、増1、9目、増1、1目（26目）
5段め：26目
6段め：1目、増1、11目、増1、2目、増1、11目、増1、1目（30目）
7～11段め：30目
12段め：1目、右減、9目、左減、2目、右減、9目、左減、1目（26目）
13段め：26目
14段め：1目、右減、7目、左減、2目、右減、7目、左減、1目（22目）
15段め：22目

耳と頭のてっぺん

耳を編みます。
まず、最初の4目を編まずに1本の棒針に移し、次の14目を別糸に移します。これで、2本の棒針に4目ずつ8目かかっていることになります。3本目の棒針に、先の2本の針から1目ずつ移したら、輪にして次のように編んでいきます。

1段め：［増1、4目］×2回（10目）
2段め：10目
3段め：［右減、1目、左減］×2回（6目）
4～5段め：6目

糸を切り、とじ針で棒針にかかっている目に糸を通して引きしめます。糸端は編み地にくぐらせます。これで片方の耳ができました。

次に、頭のてっぺんを縫います。
別糸の両端から、それぞれ1本の棒針に3目ずつ移します。2本の棒針を持ち、メリヤス接ぎ（98ページ参照）をします。
もう片方の耳を編みます。
3本の棒針に、残りの8目をセットします。輪にして、上の1～5段めを繰り返し、糸の始末も同様にします。
糸端で、耳の内側の穴をかがります。
開いている首の部分から、猫の頭に詰め物をします。耳の部分に詰め物が足りない場合は、棒針を編み地の外側から差し込み、詰め物を耳の方に移動させてもよいでしょう。

目、鼻とひげを刺しゅうします。
開いている首部分を縫い合わせます。

Butterfly kisses

LEVEL：上級者向け

ひらひらチョウチョ

跳ね回るのが大好きな猫ちゃんに作ってあげたい、優雅なチョウチョです。
本物そっくりにひらひらと舞うから、好奇心旺盛な子はもう釘づけ。

BUTTERFLY KISSES 53

点の部分は、羽にC糸で刺しゅうします。

A糸を胴体のてっぺんに通して結ぶと、触角になります。

HOW TO

特に記述のない限り、表編みをします。減らし目は「左減＝左上2目1度」「右減＝右上2目1度」をします。

胴体

A糸で1本の針に3目作り目して、3目のアイコード（96ページ参照）を5cm編みます。糸を切り、糸端は編み地にくぐらせます。

羽（2枚）

アイコードで作った胴体の片側から編み始めます。編み目に沿って10目拾い（96ページ参照）、編み地を裏返し、B糸で、以下の段を平編みします。1段終わるごとに編み地を裏返します。

Memo：ほとんどの段がすべり目で始まります。このとき、常に糸は編み地の後ろにあるようにして、裏側から針を入れます。

1〜5段め：すべり目、9目（10目）
6〜9段め：すべり目、5目（6目）※残りの4目を別糸にとり、休ませておきます
10段め：右減、2目、左減（4目）
11段め：すべり目、3目
12段め：右減、左減（2目）
13段め：すべり目、1目

糸を切り、残りの編み目に糸を通して引きしめます。糸端は編み地にくぐらせます。

表をこちら側に向けたまま、休ませておいた4目を針に移して、B糸で次のように編みます。

1〜4段め：すべり目、3目（4目）
5段め：右減、左減（2目）
6段め：すべり目、1目

糸を切り、残りの編み目に糸を通して引きしめます。糸端は編み地にくぐらせます。

反対側の羽を編みます。

表をこちら側に向けたまま、胴体の反対側に沿って10目拾い、編み地を裏返し、B糸で、以下の段を平編みします。1段終わるごとに編み地を裏返します。

1〜5段め：すべり目、9目（10目）
6〜9段め：すべり目、3目（4目）※残りの6目を別糸にとり、休ませておきます
10段め：右減、左減（2目）
11段め：すべり目、1目

糸を切り、残りの2目に糸を通して、糸端は編み地にくぐらせます。

表をこちら側に向けたまま、休ませておいた6目を針に移して、B糸で次のように編みます。

1〜4段め：すべり目、5目（6目）
5段め：右減、2目、左減（4目）
6段め：すべり目、3目
7段め：右減、左減（2目）
8段め：すべり目、1目

糸を切り、残りの編み目に糸を通して引きしめます。糸端は編み地にくぐらせます。

お好みで、撚り糸をチョウチョの背中につけます。猫の目の前にぶらさげることができます（102ページ参照）。

PARTS

🐾 毛糸
並太タイプ3色：
A糸（胴体、触覚）2.75m
B糸（羽）5.5m
C糸（点部分）1m

🐾 針
棒針4本針4号：2本
とじ針

SIZE

5×7.5cm

BUTTERFLY KISSES 55

Happy birthday Bella!

LEVEL：初心者向け

お誕生日おめでとう！

かわいいケーキにうっとりのベラちゃん。
今年はなんと、キャットニップを少し混ぜたスペシャルバージョンです！

HOW TO

プチフール

てっぺんの中央から編みます。特に記述のない限り、表編みをします。減らし目は「左減＝左上2目1度」をします。

3本または4本の針に8目作り目します。4本だと四角い形をイメージしやすいですが、3本のほうが編みやすくなります。輪にして次のように編みます。

1段め：8目
2段め：［増1、1目］×8回（16目）
3段め：16目
4段め：［増1、2目］×8回（24目）
5段め：24目
6段め：［巻き目で裏1、6目］×4回（28目）
7段め：28目
8段め：［裏1、6目］×7回
9段め：28目
10段め：［裏1、6目］×7回
11段め：28目
12段め：［裏1、6目］×7回
13段め：28目
14段め：［裏1、6目］×7回
15段め：28目

PARTS

🐾 毛糸
並太タイプ：13.75m
別の色の余り糸：2色（葉っぱ、バラのつぼみ）

🐾 詰め物
手芸綿、
あるいはキャットニップ（西洋またたび）

🐾 針
棒針4本針4号　とじ針

SIZE

高さ5cm

すべての目を伏せ目します。縫い合わせるために
約30cm残して糸を切ります。

次のページに続く ➡

四角い底（2本の棒針で平編み）

1本の針に9目作り目して、次のように編みます。
すべり目はすべて向こう側から針を入れます。

1段め：すべり目1、裏8
2段め：すべり目1、8目
3段め：すべり目1、裏8
4段め：すべり目1、8目
5段め：すべり目1、裏8
6段め：すべり目1、8目
7段め：すべり目1、裏8
8段め：すべり目1、8目
9段め：すべり目1、裏8
10段め：すべり目1、8目

すべての目を伏せ目して、糸端は編み地の裏側にくぐらせます。四角い底の裏側と、プチフールの底の部分とを、内側で縫い合わせます。底の角とプチフールの裏目の列をそろえるようにしましょう。1辺は開けておき、詰め物をしてから全部縫いとじます。作り目でできた糸端を使い、てっぺんをとじたあとにできた穴をとじ針でかがります。糸端は編み地にくぐらせます。

葉っぱ（2本の棒針で平編み）

1本の針に2目作り目して、次のように編んでいきます。

1段め：裏2
2段め：[増1、1目]×2回（4目）

3段め：裏4
4段め：4目
5段め：[裏目2目1度]×2回（2目）
6段め：左減（1目）

糸を切り、とじ針で棒針の残りの編み目に糸を通します。糸端は編み地の裏側にくぐらせます。作り目の糸端で、プチフール中央に葉っぱを縫い付けます。

バラのつぼみ（2本の棒針で平編み）

1本の針に5目作り目して、次のように編んでいきます。

1段め：裏5
2段め：3目、左減（4目）
3段め：裏4
4段め：2目、左減（3目）
5段め：裏3
6段め：1目、左減（2目）
7段め：裏2
8段め：左減（1目）

糸を切り、とじ針で棒針の残りの編み目に糸を通します。糸端は編み地の裏側にくぐらせます。作り目側から反対側（小さい方）に編み地を巻いていきます。作り目の糸端で、下の部分をまとめて縫ったあと、プチフールの中央に縫い付けます。

Fish out of water

LEVEL：中級者向け

水からあがった魚

わざわざ水辺に行かなくても、ほら、色とりどりの尾びれが目の前でゆらゆら。家の中で魚をつかまえちゃおう！

PARTS

- **毛糸**
  並太タイプ各色：
  A糸4.5m
  その他（いろいろな色を合わせて）3.6m
- **詰め物**
  手芸綿、あるいはキャットニップ（西洋またたび）
- **針**
  棒針4本針4号　とじ針

SIZE

長さ6.5cm（尾びれは含まない）

HOW TO

口から編み始めます。特に記述のない限り、表編みをします。減らし目は「左減＝左上2目1度」「右減＝右上2目1度」をします。

A糸で、3本の針に6目作り目します。輪にして次のように輪編みをします。

1段め：6目
2段め：[増1、2目、増1、1目]×2回（10目）
3～4段め：10目
5段め：[増1、4目、増1、1目]×2回（14目）

A糸を、20cm残して切ります。

6～13段め：次の8段は14目ずつ編みます。この部分ではいろいろな色の縞模様にします。それぞれの色の段数はお好みで。全部合わせて8段になるように編みます。たとえば、2色で（4段ずつ）、4色で（2段ずつ）、8色で（1段ずつ）など。糸を替えるときは糸端を20cm残し、糸を切るときにはさらに20cm残します。

次のページに続く➡

魅惑のキャットニップをいっぱい詰めましょう。

FISH OUT OF WATER 61

FISH OUT OF WATER

8段の縞模様を編んだら、魚の胴体に詰め物をします。魚はまん丸ではなく少し平たいということに注意しましょう。次に、余り糸を使って、色とりどりの尾びれをたれ下がらせます。まず、とじ針に糸を通して胴体の開いている部分から針を入れ、口のところから出します。再び口から針を入れて、胴体の開いている部分から出します。他の色の糸も同様にします。それから、A糸でその周りを編みます。

14段め：1目、右減、左減、3目、右減、左減、2目（10目）
15〜17段め：10目
18段め：[右減、左減、1目]×2回（6目）
19〜21段め：6目

20cm残して糸を切り、とじ針で棒針の残りの編み目に糸を通します。尾びれ（余り糸の）全体を取り囲んで糸を引きしめ、固定します。作り目の糸端を編み地にくぐらせます。
尾びれを好みの長さにカットして、およそ10cmになるようにします。
お好みで、撚り糸を魚の頭につけます。猫の目の前にぶら下げることができます（102ページ参照）。

POINT

新しい色を落ち着かせて、縞模様がきれいに出るように、新しい色の最初の目を、元の色と一緒にします（両方の色を針に巻きつけます）。次の段で、最初の目を2色一緒に編みます。

64 TOY PATTERNS

Leaping lizard
トカゲとジャンプ

LEVEL：上級者向け 🐾🐾🐾

このトカゲを持って、愛猫と一緒にサバンナへワープ！
くわえやすく作った長いしっぽがポイントです。

HOW TO

鼻先から編みます。

1本の針に3目作り目します。針の右側に編み目をずらし（96ページのアイコードのように）、3目表編みをします。それから再び編み目を右側にずらして［増1、表1］×3回編みます。編んだ6目を3本の針に分け、輪にしたら、次のように輪編みをします。特に記述のない限り、表編みをします。減らし目は「左減＝左上2目1度」をします。

1〜2段め：6目
3段め：［増1、2目］×3回（9目）
4〜6段め：9目
7段め：［左減、1目］×3回（6目）
8段め：6目
9段め：［増1、2目］×3回（9目）
10〜11段め：9目
12段め：［増1、3目］×3回（12目）
13〜20段め：12目
21段め：［左減、2目］×3回（9目）
22〜25段め：9目

トカゲのこの部分には、少しだけ詰め物をします。トカゲはまんまるではなく少し平たいということに注意しましょう。次のように編み続けます。

ヒント：詰め物はあちこち動かすことができます。4本針で、胴体の外側から、頭やしっぽに詰め物を移動させるとよいでしょう。

26段め：［左減、1目］×3回（6目）
27〜32段め：6目
33段め：［左減］×3回（編み目すべてを1本の針にセットします）（3目）

3目のアイコード（96ページ参照）を6段編みます。

次の段：左減、1目

2目のアイコードを10段編みます。

糸を切り、糸端は編み地にくぐらせます。

次のページに続く ➡

PARTS

- **毛糸**
  並太タイプ：13.7m
  余り糸：黒（目）
- **詰め物**
  手芸綿、
  あるいはキャットニップ
  （西洋またたび）
- **針**
  棒針4本針4号　とじ針

SIZE

長さ15cm

LEAPING LIZARD

前足(2本)

トカゲのどちら側を頭のてっぺんにするか決めましょう。どちらも基本的には同じですが、よりふさわしく見える方がよいでしょう。
胸の横から3目拾います(96ページ参照)。3目のアイコード(96ページ参照)を3段編みます。糸を切り、糸端はトカゲのお腹の編み地にくぐらせます。

後ろ足(2本)

お腹の真後ろの片側に沿って3目拾います。3目のアイコード(96ページ参照)を5段編みます。

糸を切り、糸端はトカゲのお腹の編み地にくぐらせます。

目

黒い糸で目を刺しゅうします(101ページ参照)。

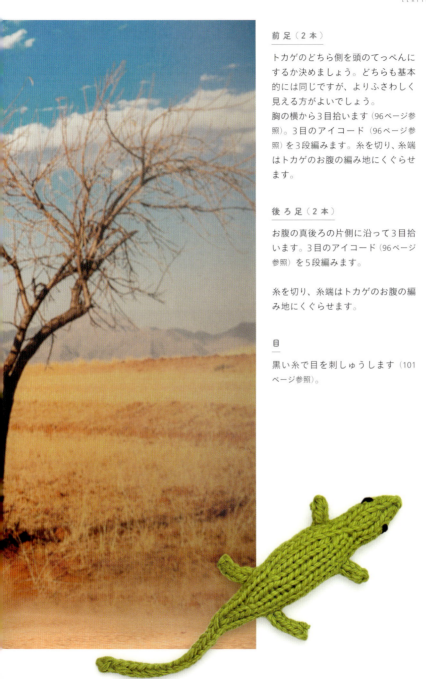

Along came a spider

クモがおりてきた

みんなの人気者とは言えないクモだけれど、
この小さな編みぐるみならだいじょうぶ。不思議とかわいく見えるでしょ？

HOW TO

頭のてっぺんから編み始めます。特に記述のない限り、表編みをします。減らし目は「左減＝左上2目1度」をします。

3本の針に6目作り目します。輪にして次のように輪編みをします。

1段め：6目
2段め：［増1、1目］×6回（12目）
3～5段め：12目
6段め：［左減］×6回（6目）
7段め：［増1、1目］×6回（12目）
8段め：12目
9段め：［増1、2目］×6回（18目）
10～17段め：18目
18段め：［左減、1目］×6回（12目）
19段め：12目

糸を切り、とじ針で棒針の残りの編み目に糸を通します。頭と胴体にきつく詰め物をします。糸を引いてとじ、しっかり固定します。両方の糸端は編み地にくぐらせます。

足（8本）

足は同じ糸の切れ端で作ります。とじ針に糸を通し、頭の横から針を入れて反対側から出します。このとき、糸を全部引いてしまわずに、端が5cmになるようにしましょう。反対側から出した糸がほどけないように、胴体の編み地をひと針すくって止めます。

頭から胸にかけてこの作業を3回繰り返し、全部で8本の足を作ります。足の長さは、それぞれ5cmになるように切りそろえます。

お好みで、撚り糸をクモの背中につけます。猫の目の前にぶら下げることができます（102ページ参照）。

PARTS

❀ 毛糸
並太タイプ：9m

❀ 詰め物
手芸綿、
あるいはキャットニップ
（西洋またたび）

❀ 針
棒針4本針4号　とじ針

SIZE

長さ6.5cm

ALONG CAME A SPIDER | 69

Green frog of happiness

幸せを呼ぶ緑色のカエル

あなたを笑顔に、猫ちゃんをハッピーにしてくれる小さなカエルくん。見かけよりも簡単だから、がんばって。

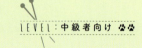

LEVEL：中級者向け

HOW TO

鼻先から編み始めます。特に記述のない限り、表編みをします。減らし目は「左減＝左上2目1度」「右減＝右上2目1度」をします。

3本の針に6目作り目します。輪にして次のように輪編みします。

1段め：6目
2段め：[増1、2目]×3回（9目）
3段め：9目
4段め：[増1、3目]×3回（12目）
5段め：12目
6段め：1目、ボッブル編み、2目、ボップル編み、7目
7〜8段め：12目
9段め：1目、増1、4目、増1、2目、増1、4目、増1、1目（16目）
10段め：16目
11段め：1目、増1、6目、増1、2目、増1、6目、増1、1目（20目）
12〜14段め：20目
15段め：1目、右減、4目、左減、2目、右減、4目、左減、1目（16目）
16〜17段め：16目
18段め：1目、右減、2目、左減、2目、右減、2目、左減、1目（12目）
19〜20段め：12目
21段め：1目、右減、左減、2目、右減、左減、1目（8目）
22〜23段め：8目

頭と胴体に詰め物をします。針にかかっている8目は、後ろ足を作るのに使います。

次のページに続く ➡

Memo 特別な編み方

ボッブル編み（目部分）
編み方：平編みをします。
1段め：(1つの目の中〈k〉で、表編みを手前から〈f〉、向こうから〈b〉、手前から〈f〉編む)
2段め：裏3
3段め：表3
4段め：裏3
5段め：向こう側から針を入れてすべり目2目、表1
すべり目した2目を、編んだ目にかぶせて針を抜きます。

PARTS

🐾 **毛糸**
並太タイプ：13.75m
余り糸：黒
（目、お好みで）
その他の色の別糸

🐾 **詰め物**
手芸綿、あるいはキャットニップ
（西洋またたび）

🐾 **針**
棒針4本針4号
とじ針

SIZE

長さ5cm

後ろ足

胴体の終わりの8目から編みます。
1段め：[増1、2目]のあと、次の4目をそのまま別糸に移し、最初の3目と最後の2目とを合わせて輪にして、[増1、2目]（6目）
2～9段め：6目
10段め：左減、4目（5目）
11～18段め：5目
19段め：左減、3目　すべての目を1本の針にまとめます。（4目）

針の右側に編み目をずらし、4目のアイコード（96ページ参照）を8段編みます。それから編み目を針の右側にずらす代わりに編み地を裏返します（編む糸は、先頭の編み目から出ていることになります）。次のように平編み（輪編みをしない）して、足先を作ります。

1段め：裏4
2段め：4目
3段め：裏4
4段め：右減、左減（2目）
5段め：裏目左減（1目）

糸を切り、とじ針で棒針の残りの編み目に糸を通します。糸端は編み地の裏側にくぐらせます。

もう片方の足を編みます。
別糸に休ませていた4目を2本の針に移します。
最初の目に糸をつないで、[増1、表2]×2回編みます。3本の針に編み目を広げ、輪にします。1本めの足と同様に2～19段めを編んだのち、足先も同様に1～5段めまで編みます。

必要に応じて、足と足の間の穴から追加の詰め物をして、穴を縫い合わせます。写真のように足を折りたたんで適当な位置に縫い付けます。

GREEN FROG OF HAPPINESS 73

前足はここにつけます。

後ろ足は、はじめは長く伸びていますが、あとで曲げて縫い付けます。

この糸端を使って、前足を縫い付けます。

前足（2本）

1本の針に4目作り目します。
針の右側に編み目をずらし、4目のアイコード（96ページ参照）を4段編みます。
後ろ足（72ページ）と同様に、足先を1～5段編みます。
写真のように、カエルのお腹側に縫い付けます。
お好みで、黒い糸で目を細かく刺しゅうします（101ページ参照）。

お腹側から見たところ。

後ろ足は、胴体に縫い付ける前に、このような形に曲げます。

Shrimpy

LEVEL：上級者向け

小エビちゃん

少し変わったものに挑戦したいなら、ひねりが楽しいこの小エビちゃん。
さすがに本物のエビには負けるだろうけど、喜んでくれること請け合いです。

HOW TO

鼻先から編み始めます。特に記述のない限り、表編みをします。減らし目は「左減＝左上2目1度」「右減＝右上2目1度」をします。
1本の針に3目作り目します。
針の右側に編み目をずらして、3目のアイコード（96ページ参照）を2段編みます。
もう一度針の右側に編み目をずらしてから、［増1、1目］×3回編みます。
6目を3本の針に分けます。輪にして次のように輪編みします。

1～2段め：6目
3段め：増1、5目、増1、1目（8目）
4～5段め：8目
6段め：増1、7目、増1、1目（10目）
7～11段め：10目
12段め：裏10
13～17段め：10目
18段め：裏10

次の引き返し編み（97ページ参照）は、エビの背中のカーブを作ります。19段めから30段めまでの奇数段では、全く同じ編み方をします。

19段め：表編みを7目編み、糸を編み地の前に持ってきます。次の目を向こう側から針を入れて右の針に移します。編み地の裏側に糸を持って行き、右の針から左の針に1目戻します。裏返して、裏地をこちら側に向けます。裏編みを4目編み、糸を編み地の向こう側に持って行きます。左の針の次の目に、右の針を向こう側から入れて移します。編み地の前に糸を持ってきて、左の針に編み目を戻します。編み地を裏返し、表をこちら側に向けて、表編みを7目編みます。19段めの始め（終わり）のところまで戻っているはずです。

20段め：10目
21段め：19段めと同じ
22段め：裏10
23段め：19段めと同じ
24段め：10目
25段め：19段めと同じ
26段め：裏10
27段め：19段めと同じ
28段め：10目
29段め：19段めと同じ
30段め：裏10

次のページに続く ➡

PARTS

🐾 **毛糸**
並太タイプ：18.25m
余り糸：黒（目）

🐾 **詰め物**
手芸綿、あるいは
キャットニップ
（西洋またたび）

🐾 **針**
棒針4本針4号
とじ針

SIZE

長さ18cm
（まっすぐの状態で）

31～32段め：10目
33段め：左減、6目、右減（8目）
34～37段め：8目
38段め：裏8
39段め：8目
40段め：[増1、2目]×4回（12目）
41～45段め：12目

ここで、最後の7段（しっぽ）を除いた部分に少しだけ詰め物をします。しっぽには詰め物をせず、平らなままにします。詰め物は、エビの外側から4本針で内側に広げることができます。詰め込みすぎないように！

46段め：1目、右減、左減、2目、右減、左減、1目（8目）
47段め：8目

糸を切り、とじ針で棒針にかかっている目に糸を通して引きしめます。糸端は編み地にくぐらせます。

黒い糸を使って、フレンチノットステッチで目を作ります（101ページ参照）。

頭に2本の長い触角（約7.5cm）と8本の長い足（片側に4本ずつ、約2.5cm）を、胴体の中央に10本の短い足（片側に5本ずつ、約1.3cm）をつけます（102ページ参照）。

フレンチノットステッチは目を作るのにぴったりです。

しっぽは平らなままです。ここには何も詰めないでください。

TOY PATTERNS

Dragonfly drop

すいすいトンボ

LEVEL：中級者向け

元気いっぱい、遊ぶの大好き。少しもじっとしていないそんな子には、このトンボをどうぞ。紐を持ってひょいひょい、すいすい動かして、大はしゃぎさせてあげましょう。

本物の羽のように広げて、カーブした側を下向きに、頭から離してつけます。

HOW TO

しっぽの先から編み始めます。特に記述のない限り、表編みをします。減らし目は「左減＝左上2目1度」をします。

並太の糸で、1本の針に3目作り目します。針の右側に編み目をずらし、3目のアイコード（96ページ参照）を5cm編みます。

4本針で最初の編み目に［Kfb］（1つの目［K］の手前から［f］と向こうから［b］表編みをする）、2本目の針で次の編み目に［Kfb］、3本目の針で最後の編み目に［Kfb］で増し目をします。

輪にして次のように輪編みします。

1～5段め：6目
6段め：［左減］×3回（3目）
7段め：［Kfb］×3回（6目）
8段め：6目
9段め：［Kfb、1目］×3回（9目）

糸を切り、残りの編み目に糸を通して引きしめます。糸端はすべて編み地にくぐらせます。

羽（4枚）

中細の糸で、3本の針に6目作り目します。輪にして次のように輪編みします。

1～2段め：6目
3段め：増し目1、6目（7目）
4～5段め：7目
6段め：増し目1、7目（8目）
7～8段め：8目
9段め：増し目1、8目（9目）
10～11段め：9目
12段め：左減、7目（8目）
13～14段め：8目
15段め：左減、6目（7目）
16～17段め：7目

糸を切り、とじ針で棒針にかかっている目に糸を通して引きしめます。糸端はすべて編み地にくぐらせます。羽はすべて平らにして、上の写真のようにカーブした方が下になるように（頭から離して）胴体に縫い付けます。

黒い糸で、2本触角を作り、小さな点を刺しゅうして目を作ります。

お好みで、撚り糸をトンボの頭につけます。猫の目の前にぶら下げることができます（102ページ参照）。

PARTS

❀ 毛糸
並太タイプ：4.5m
中細タイプ：9m（羽）
余り糸：黒（目、触覚）

❀ 針
棒針4本針4号
とじ針

SIZE

長さ11.5cm

DRAGONFLY DROP 81

遊びに耐えられるように、
羽は胴体にしっかりと
縫い付けましょう。

PARTS

🐾 **毛糸**
並太タイプ2色：
A糸（頭、お腹、足、点）4.5m
B糸（羽）4.5m

🐾 **詰め物**
手芸綿、あるいは
キャットニップ（西洋またたび）

🐾 **針**
棒針4本針4号
とじ針

SIZE

長さ6.5cm

HOW TO

頭の先端から編み始めます。特に記述のない限り、表編みをします。減らし目は「左減＝左上2目1度」「右減＝右上2目1度」をします。

A糸で、3本の針に6目作り目します。輪にして次のように輪編みします。

1段め：6目
2段め：[増し目1、2目]×3回（9目）
3段め：9目

テントウムシの残りの部分は、2本の針で平編み（輪編みにしないこと）します。編み地を裏返して、向こう側から針を入れてすべり目1して、1本の針に裏編み5目編みます。ここが新しい段の始まりと終わりになります。（針に残っている3目はのちに編むために他の針にかけておきます）A糸を切り、B糸に替え、次のように編んでいきます。すべり目はすべて向こう側から針を入れます。

1段め：6目
2段め：裏6
3段め：すべり目1、[増1、1目]×5回（11目）
4段め：すべり目1、裏10
5段め：すべり目1、[増1、2目]×5回（16目）
6段め：すべり目1、裏15
7段め：すべり目1、15目
8段め：すべり目1、裏15
9段め：すべり目1、15目
10段め：すべり目1、裏15
11段め：すべり目1、5目、右減、左減、6目（14目）
12段め：すべり目1、裏13
13段め：すべり目1、4目、右減、左減、5目（12目）
14段め：すべり目1、裏11
15段め：すべり目1、3目、右減、左減、4目（10目）
16段め：すべり目1、裏9
17段め：すべり目1、2目、右減、左減、3目（8目）
18段め：すべり目1、裏7

B糸を切り、再びA糸に替えます。あとでお腹のほうに羽を縫い付けるために、糸端を20～25cm残しておきます。

次のように編み続けます。

19段め：8目
20段め：すべり目1、裏7
21段め：すべり目1、7目
22段め：すべり目1、裏7
23段め：すべり目1、7目
24段め：すべり目1、裏7
25段め：すべり目1、7目
26段め：すべり目1、裏7
27段め：すべり目1、7目
28段め：すべり目1、裏7
29段め：すべり目1、7目
30段め：すべり目1、裏7
31段め：右減、4目、左減（6目）
32段め：すべり目1、裏5
33段め：右減、2目、左減（4目）
34段め：すべり目1、裏3
35段め：すべり目1、左減、1目（3目）
36段め：すべり目1、裏2
37段め：すべり目1、2目
38段め：すべり目1、裏2

次のページに続く ➡

Miss Ladybird

LEVEL：初心者向け

テントウムシのお嬢さん

一番人気のテントウムシちゃん。手芸綿かキャットニップを、固く、しっかり詰めてくださいね。
コロコロとしたこの感じが楽しくて、もう離そうとしないかも。

羽で胴体を包み込むようにします。糸を切り、針に残っている頭の3目に通してから、胴体の3目に通します。糸を引いてとじ、糸端はすべて編み地の裏側にくぐらせます。

テントウムシの上部（羽）とお腹の部分を、ぐるりと縫い合わせていきます。全部とじてしまう直前に、きつく詰め物をします。

A糸で、頭に触角を、胴体に6本の足（左右に3本ずつ）をつけます（102ページ参照）。

A糸を使って、サテンステッチで点を刺しゅうします（101ページ参照）。

3本の足を両側につけます。

点部分の刺しゅうの仕方は、101ページをご覧ください。

Raccoon tail

LEVEL：初心者向け

アライグマのしっぽ

飛びかかられても、爪を立てられても、噛みつかれても、多少のことではビクともしません。
これなら、かなり激しいあの子も大満足まちがいなし！

PARTS
- 毛糸
  並太タイプ対照的な2色：
  A糸（暗い色）7.25m　B糸（明るい色）9m
- 詰め物
  手芸綿、あるいは
  キャットニップ（西洋またたび）
- 針
  棒針4本針4号　とじ針

SIZE
長さ15cm

HOW TO

太い方の端から編み始めます。特に記述のない限り、表編みをします。減らし目は「左減＝左上2目1度」をします。
A糸で、糸端を約20cm残して、3本の針に18目作り目します。猫の目の前にぶら下げるおもちゃにしたい場合は、糸端をもっと長く、約30〜38cm残しましょう。輪にして次のように輪編みします。

1段め(A糸)：18目
2〜4段め(B糸)：18目

Memo ✤ 特別な編み方
仕上がりをきれいに、そして縞模様のずれを最小限にするため、色を替えるときは前の糸の上（手前）に次の糸を持ってきましょう。

5〜6段め(A糸)：18目

2〜6段めの編み方（B糸で3段編んだあと、A糸で2段編む）を5回繰り返します。A糸の縞模様が全部で7つできます。

1段め(B糸)：18目
2段め(B糸)：[4目、左減]×3回 (15目)
3段め(B糸)：15目
4段め(A糸)：15目
5段め(A糸)：[3目、左減]×3回 (12目)
6段め(A糸)：12目
7段め(A糸)：[2目、左減]×3回 (9目)
8段め(A糸)：9目

糸を切り、とじ針で棒針にかかっている目に糸を通して引きしめます。糸端は編み地にくぐらせます。
しっぽに軽く詰め物をしてから、作り目の糸端で開いている端の部分を縫い合わせます。お好みで、とじた部分の中央に糸を通してぶら下げておきます。

ここから編み始めます。

Lazy daisy

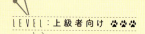

レイジーデイジー

みんな大好きなかわいい花、
デイジーは、色選びが決め手。
たとえば花びらの色を1枚1枚替えて、
うんとカラフルなデイジーはいかが？

花びらがもぎとられてしまわないように、ここの継ぎ目をしっかり補強しましょう。

特に記述のない限り、表編みをします。減らし目は「左減＝左上2目1度」「右減＝右上2目1度」をします。

茎

A糸で、1本の針に3目作り目します。3目のアイコード（96ページ参照）で10cm編みます。
次の段：［Kfb（1つの目［K］の手前から［f］と向こうから［b］表編みをする）］×3回（6目）
編み目を3本の針に分けます（2目ずつ）。輪にして次のように輪編みします。
1段め：6目
2段め：［Kfb］×6回（12目）

デイジーの芯

A糸を切ります。B糸に替えて次のように編んでいきます。
1〜3段め：12目
4段め：［左減］×6回（6目）
5段め：［左減］×3回（3目）
B糸を切り、とじ針で棒針にかかっている目に糸を通してすぼめ、きつく引きしめます。とじ針に糸を通し、中心に刺して裏側から引き抜き、デイジーの芯を平らにします。糸端は編み地にくぐらせます。

花びら（6枚）

ここで、茎の最後の段から編み目を拾って花びらを編みます（96ページ参照）。デイジーの芯が正面を向くようにして、C糸で、茎の最後の段から2目拾います（どこから拾い始めてもかまいません）。編み地を裏返し、次のように平編みします（輪編みにしない）。
1段め：向こう側から針を入れてすべり目1、増1、裏1（3目）
2段め：向こう側から針を入れてすべり目1、2目
3段め：向こう側から針を入れてすべり目1、増1、裏2（4目）
4段め：向こう側から針を入れてすべり目1、3目
5段め：向こう側から針を入れてすべり目1、裏3
4、5段めをもう4回繰り返したあと、次のように編みます。
次の段：右減、左減（2目）

糸を切り、残りの編み目に糸を通して引きしめます。糸端は編み地の裏側にくぐらせます。
拾い目をしたときの糸端で、拾い目とデイジーの芯とが接するところを補強します。
もう5回繰り返して、デイジーを中心にして全部で6枚、花びらを作ります。

PARTS

🐾 **毛糸**
並太タイプ3色：
A糸（茎）3.6m
B糸（芯）2.7m
C糸（花びら）9m

🐾 **針**
棒針4本針4号
とじ針

SIZE

7.5×12.5cm

Technique

作り方のテクニック

あなたが初心者であろうと、
寝ていても作り目できるほどのベテランであろうと、
テクニックの見直しは時には誰にでも必要です。
このセクションでは、作り目や輪編みの仕方から、
完成した猫のおもちゃを飾る方法まで、
作品を作るのに必要なスキルを
すべてご紹介します。

材料と用具

猫のおもちゃを編むことは、これまで、あまり単純ではなく楽しいものでもありませんでした。
ここで紹介するのは、あなたが何かを編んで余ってしまった糸を使い切るすばらしい方法です。特別な道具は必要ありません。
さあ、編み針を持って、引き出しにしまい込んだものを取り出して。
愛する猫ちゃんに、今からおもしろいものを作ってあげるよと知らせましょう！

毛糸

毛糸には、極細から超極太タイプまでさまざまな太さがあります。また、メーカーによっても違いがありますし、同じメーカーでもさまざまな種類の毛糸を扱っています。この本では、一般的な毛糸の太さを示しました。それぞれの作品のページには、おすすめの糸の太さを紹介しています。毛糸の色はどんな色でもかまいませんが、おすすめの色を紹介しているものもあります。
おすすめの太さの糸とおすすめの号数の棒針で編むと、記載されたサイズのおもちゃに仕上がります（編み方とゲージによりますが）。どのおもちゃもお好みの太さの糸で編めますが、棒針は毛糸の帯に書いてある指定のものより少なくとも2号小さい針を選びましょう。こうすると、目の細かい編み地になり、詰め物がはみだす心配もなくなるので、キャットニップも利用できます。
また、持っている毛糸を色別に分けて、プラスチックのケースなどにしまっておくと、絵の具箱のようで取り出しやすくて便利です。

棒針

この本で使用する針の号数は、編み方と一緒に作品ページに詳しく記載しています。どの作品も、両方の先端が尖った、通常4本針または5本針と呼ばれるものを使用しています。玉付きの針とは違い輪編みをすることが可能で、玉付きの針と同じ号数のものがあります。本では、ほとんどが4本針で輪編みをしていますが、一部、2本の針で平編みをしています。

棒針サイズ比較表

針の正しいサイズ選びは、よい編み地を作るためにとても重要です。簡単にサイズ変更できるように、コレクションを作ってみましょう。棒針のサイズはアメリカでは0から19まで、日本では0号から15ミリまでありますが、この2つのサイズは完全に一致しているわけではありません。

US (サイズ)	日本 (号)
0 (2.0mm)	0 (2.1mm)
1 (2.25mm)	1 (2.4mm)
2 (2.75mm)	2 (2.7mm)
3 (3.25mm)	3 (3.0mm) 〜 4 (3.3mm)
4 (3.5mm)	4 (3.3mm) 〜 5 (3.6mm)
5 (3.75mm)	5 (3.6mm) 〜 6 (3.9mm)
6 (4.25mm)	7 (4.2mm)
7 (4.5mm)	8 (4.5mm)
8 (5.0mm)	9 (4.8mm) 〜 10 (5.1mm)
9 (5.5mm)	11 (5.4mm) 〜 12 (5.7mm)
10 (6.0mm)	13 (6.0mm)
10.5 (6.5mm)	14 (6.3mm) 〜 15 (6.6mm)
11 (8.0mm)	8ミリ
13 (9.0mm)	9ミリ
15 (10.0mm)	10ミリ
17 (12.0mm)	12ミリ
19 (15.0mm)	15ミリ

メジャー

作業中に、作品や毛糸の長さを測ります。

目数段数計

目数段数計は、編んでいる途中で段数を記録するのに役立ちます。この本では、段の最後に、新しい目数を含めたすべての目数を表示しています。目数段数計は、どこまで編み進んだかを知るのにとても便利です。

とじ針

この本では、とじ針は主に、編み終えたあとに棒針にかかっている編み目に使用中の糸を通して引きしめたり、糸端を編み地にくぐらせて始末するときに使います。また、縫い合わせるときに使うこともあります。とじ針は、先が丸くて針穴が大きく、糸の種類に合わせていくつかのサイズがあります。タペストリー針とも呼ばれ、糸を割らないように作られています。

はさみ

編み物をするときに、先の尖った小さなはさみをひとつ持っていると便利です。糸端や余分な糸を切るのに必要です。

詰め物の内容

猫のおもちゃの詰め物となると、スポンジや精製綿を含めて、さまざまなものがありますが、手芸綿かキャットニップのどちらかがおすすめです。ほとんどのおもちゃがとても小さいので、毛糸を細かく切って詰めてもよいでしょう。

手芸綿

とても軽い、洗える合成繊維です。やわらかい感触で、弾力があります。ほかの詰め物に比べて、片寄りにくく、また簡単に入手できます。

キャットニップ（西洋またたび）

Nepata catariaの一般名で、ヨーロッパ・アジア原産のシソ科植物です。広く北米に帰化していて、ほとんどの猫が、メロメロになってしまいます！　猫がみんな、この魅惑的な植物の影響を受けるわけではありませんし、はしゃぎまわる子、うっとりと幸せそうな子など、反応もさまざまです。あなたの猫がキャットニップ好きで、新しいお気に入りのおもちゃに詰められているとわかったら、大喜びするでしょう。キャットニップの魅力を知っているのは、あなたの小さな猫に限りません。ライオンやトラだって……といっても、彼らには量が足りませんけどね！

手芸綿

キャットニップ

主要なテクニック

ここでは、作品を完成させるために知っておくべきテクニックを紹介しています。基本的な編み方のおさらいは、103〜105ページをご覧ください。

最初の目の作り方

1. 最初の目の棒針へのかけ方を説明します。短い糸端の方を上にして、左手の2本の指に毛糸をかけてループを作ります。棒針をループに差し込み、短い糸端の方を引っ掛けて、手前に引っ張り出し、輪を作ります。

2. 両方の糸を引っ張って輪をしぼります。短い糸端を引っ張って、棒針にかかっている輪を小さくします。

作り目の仕方

作り目の仕方にはいくつかの方法があり、それぞれに異なる長所があります。

親指を使う方法

指でかける作り目。棒針1本と親指を使う方法で、伸縮性のある目ができます。私はこちらの方法が気に入っています。

1. 編み幅の約3倍の毛糸を残して、最初の1目を作り、棒針にかけます。長い方の毛糸を左手に持ち、左手の親指にかけてループを作ります。親指のループの中に棒針を差し込みます。

2. 短い糸端を棒針にかけて、親指にかけた輪から引き出します。長い方の毛糸を引きしめ、できた目を最初の目の方へ引き寄せます。これを繰り返します。

ケーブルエッジの作り目

この方法で目を作ると、ロープを縛ったときのような硬い目ができます。

1. 最初の1目を左手の棒針にかけます。長い方の糸で1目編み、左の目ははずさずに、右の目を左手の棒針に移します。

2. 右手の棒針を新しく編んだ目と元の目の間に差し込み、同様にして3番目の目を作ります。この方法で必要な数の目を作ります。

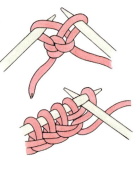

編んで作る作り目

ケーブルエッジの作り目と同じ方法ですが、目と目の間に棒針を差し込むのではなく、普通に表編みするように編みます。この方法だと、ケーブルエッジよりもゆるい作り目ができます。

輪に編む

この本の作品はすべて、両方の先端が尖った針を使い輪編みしています。あなたが2本針での平編みに慣れているとしても、4本針でぐるぐると輪に編んでいくことに尻込みする必要はありません。4本針を使って輪に編むときは、棒針3本に目をかけ、残りの1本で編み進めることになります。仕上がりがきれいになり、編み終えたあとに縫い合わせる部分も少ないため、ニッターの多くが、輪に編むことを好みます。私の作品では、完成後の縫い合わせが少なくてすむよう、できるだけ輪編みを採用しています。

はじめは慎重に、楽な持ち方で編み目を落とさないように、そして作り目のときや最初の方の段で、編み目がねじれないように針を持ちます。左手の針から、何も編み目がかかっていない針に編み目を作り、右側の針が、常に手前になるようにします。

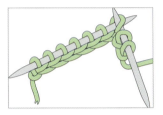

1. 94ページのいずれかの方法で作り目をして、この編み目のかたまりを3本の針に分割します。あとで直さなくてすむように、作り目をねじらないように気をつけましょう。

2. 針の先端は重なります（順序は必要に応じてのちに変更することができます）。重なっていない部分がこちら側を向くようにして、糸は上にくるようにして、針の下にならないようにします。

3. 何もかかっていない針を右手に持ち、編み始めます。できるだけ針と針とを近づけて、最初の目を編みます。段の最初と最後の目が離れないようにしてください。特に輪編みでは、離れると隙間ができてしまいます。輪を作る最初の目は、特にゆるみがちなので注意が必要です。

編み目を4本針の3本に分散させると、製作中の作品が少し見えます。

HINTS

竹製の針を使いましょう。軽くて、編み目が針からすべり落ちにくいという利点があります。

目を拾って編む

パーツをそれぞれ編んでから、あとで縫い合わせるのではなく、編みあがっているパーツの縁から新しいパーツを編み出すときに、目を拾って編む必要があります。表側を自分の方に向け、右手の棒針を縁の目の下に差し入れ、棒針に毛糸をかけて引き抜き、輪を作ります。これを適当な間隔をあけて、必要な目数だけ繰り返します。次の段を編むときは、裏側が手前にきます。PUの説明のときにこの編み方をします。

i-cord（アイコード）

4本針2本で、丸紐を編むにはとても便利な編み方です。まず4目（必要な数の目）作ります。それから、普通に1段表編みをします。次に、*棒針を反転させず、目を棒針の反対側にすべらせます。裏側から毛糸を編む目のところに持ってきて次の段を編み始めます（このとき、裏側の毛糸がたるまないようにします）。
*これを繰り返します。

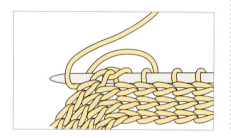

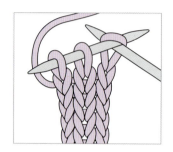

伏せ止めと最後の始末の仕方

この本では、ごく簡単な伏せ止めをしています。まず、2目表編みします。*左手の棒針で、右手の棒針の最初の目をふたつ目にかぶせて右針からはずします。次の目も表編みをしてかぶせます。
*これを残りが最後の1目になるまで繰り返し、毛糸を切ってとじ針で最後の目に通して引きしめます。

表にひびかない糸始末の仕方

最終段できれいに仕上げるには、糸を切って最後の目のループに糸を通して引きしめるだけですみます。とじ針に糸を通して、最初の目の鎖の下側の糸をとり、再び最後の目に入れて、見えなくなるまで糸を引きしめます。

糸端

糸端は、作り目や伏せ目のあとに縫い合わせたり、失敗したところをカバーするために、ある程度の長さを残しておきます。

糸を替えるときはちょっとしたコツが必要です。私は、両端が少しぶら下がるくらいに残しておきます。その両端をピンと引いて、両端に目を整えてから、編み地の裏側で真結びして穴をかがります。

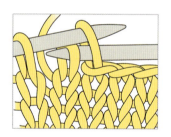

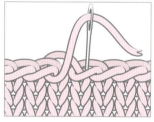

引き返し編み（ラップ＆ターン）

引き返し編みはさまざまな理由で編み物に使われます。この編み方は、編み物の方向を変えて曲線を作ったり、編み幅を広げたりするときに使います。
引き返し編みにはさまざまな方法があり、それぞれわずかに見た目が異なります。私はいつも下のような方法、「ラップ＆ターン」で編みます。これは編み地の表と裏とふたつのラップされた（くるまれた）編み目を含みます。

Memo
平編みでも輪編みでも編み方は同じです。

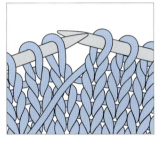

1. 指定された目数を編んだあと、糸を編み地の前に持ってきます。

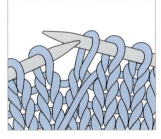

2. 次の目を向こう側から針を入れて右の針に移します。

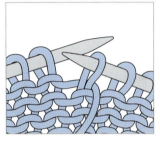

3. 編み地の裏側に糸を持っていき、右の針から左の針に1目戻します。これで最初の編み目をラップした状態になります。それから裏返し、裏地をこちら側に向けます。

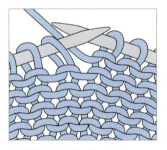

4. 裏編みを、編み方に示されている数だけ編んで、糸を編み地の向こう側に持って行きます。

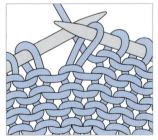

5. 左の針の次の目に、右の針を向こう側から入れて移します。

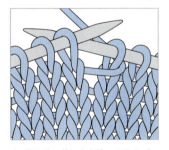

6. 編み地の前に糸を持ってきて、左の針に編み目を戻します。これで2番めの編み目をラップした状態になります。それから編み地を裏返し、表をこちら側に向けます。最後に、編み方に示されている数だけ表編みを編んで、輪編みの始まり（あるいは終わり）のところまで戻ります。

キッチナーステッチ（メリヤス接ぎ）

メリヤス接ぎとも呼び、2本の針に編み目をかけたまま、目立たないように縫い合わせるもので、段数がひとつ増えます。ここでは、メリヤス地にキッチナーステッチする方法を示します。別糸（あるいは作品のまだ始末していない糸）を、接ぎ合わせる部分のおよそ3倍の長さで用意し、とじ針に通します。

針の先が右側を向くようにして、編み地の裏側同士を合わせます。

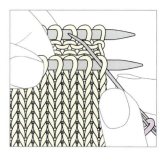

1. 手前の棒針の最初の目に、裏編みをするようにしてとじ針を入れ、糸を引き出します。編み目は針からはずしません。

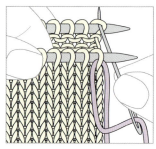

2. 向こう側の針にかかっている最初の目に、表編みをするようにしてとじ針を入れ、糸を引きます。編み目は針からはずしません。

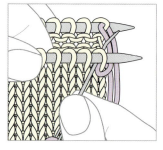

3. 手前の針にかかっている最初の目に、表編みをするようにしてとじ針を入れ、糸を引きます。この目は針からはずします。

4. 手前の針にかかっている最初の目に、裏編みをするようにしてとじ針を入れ、糸を引きます。針に編み目を残します。

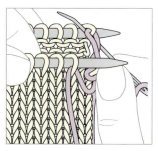

5 向こう側の針にかかっている最初の目に、裏編みをするようにしてとじ針を入れ、糸を引きます。この目は針からはずします。

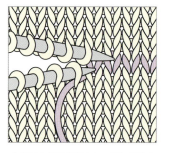

6 向こう側の針にかかっている新たな最初の目に、表編みをするようにしてとじ針を入れ、糸を引きます。針に編み目を残します。すべての編み目で3〜6を繰り返します。

パーツに詰め物をする

詰め物には化繊の手芸綿をおすすめします。コットン製は密度が高く、綿を入れた部分を縫うのも簡単ではありません。

この本の中のおもちゃは、すべて小さいので、詰め物のテクニックはそれほど気にする必要はありません。大きな作品は、形づくりながら少しずつ綿を詰めていきますが、この小さな猫のおもちゃたちの場合は、ほんのひと握りの量なので、詰め込んでしまいましょう！あまりたくさん詰め込みすぎるとはみ出てしまいますが、少なすぎてもふっくらしません。指が届かないところに詰める場合に、先の尖ったもので押し込まないようにしてください。消しゴム付き鉛筆などが適しています。

両端で糸をくぐらせる

編みぐるみの場合、両端で糸をくぐらせる作業はとても簡単です。邪魔な糸端はすべてとじ針に通し、編みぐるみの中に刺し込んで、反対側から出します。出したところから再び針を入れて編みぐるみの反対側に糸を出し、編み地を突き抜けたところで余分な糸をはさみで切ります。

編み終わりの始末

作品のパーツを編み終えたら、糸を結んで止めます。この本で紹介している作品は、ほとんどが「残りの編み目に糸を通して引きしめる」方法で始末します。

1. まず小さな輪にとじ針を刺してから、輪がしまるまで糸を引きます。輪の少し下の部分の2、3目にとじ針を数回くぐらせます。それから強く糸を引いて、できるだけ輪がしまるようにします。

2. とじ針が出てきたところをよく見て、編み地を少し引っ張ってみると、横に渡っている糸が見えます。そこに針を入れますが、完全に糸を引いてしまわないでください。

3. とじ針の先端に糸を2回巻きつけます。針を糸から抜いて強く引きます。これで結び目ができます。

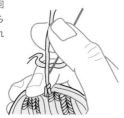

4. とじ針を、ちょうど結び目の上に再び刺して、作品の別の場所から針を出します。こうすることで、結び目が作品の中に隠れます。編み地ぎりぎりのところで糸を切ります。

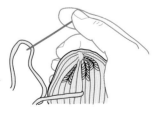

刺しゅうと飾り

この本の中では、猫のおもちゃを編んだあとに、さらに目や口を刺しゅうしたり、触角や足などの飾りをつけています。これらを再現できるように、いくつか簡単なテクニックをご紹介しましょう。

刺しゅう

刺しゅうを始める前に、糸を固定するため裏側にダブルステッチで縫い付けましょう。糸端は裏側にくぐらせます。
編み地に刺しゅうをするときは、編み地の糸が割れないように、針が編み目の隙間に入れるように注意します。

ランニングステッチ

最も基本的なステッチです。とても簡単で、正しく刺しゅうすれば、編み地にはとても効果的に見えます。

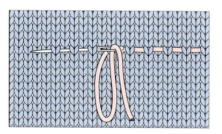

編み地の裏側から表側に針を出し、左に向かって表から裏へ針で小さくすくって刺していきます。ステッチが同じサイズになるように気をつけましょう。

バックステッチ

このステッチは、ほほえんでいる口など、線や絵を描くのに適しています。

編み地の裏側から表側に針を出します。少し戻って表側から裏側に針を入れ、最初に針を出した位置よりも前に出します。針目の長さが同じになるよう、注意して刺します。
針を出した位置から後ろ（右）に戻って針を刺し、右から左に進んでいきます。

EMBROIDERY AND EMBELLISHMENT 101

サテンステッチ

サテンステッチはとてもしっかりとしたステッチで、編み目を完全に覆います。大きな目や、テディベアの鼻、テントウムシの背中の斑点などを刺しゅうするのに適しています。

裏側から表側に針を出し、できるだけ隙間ができないように角度をあまり変えずに編み地をすくいます。そして表から裏へ針を入れ、必要な大きさになるまで刺しゅうします。

フレンチノットステッチ

表面を飾るのに便利なステッチ。丸い結び目をきれいに作るには、少し練習が必要です。これはおもちゃに目や鼻をつけるのにぴったりです。

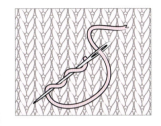

1. 左手の親指で糸を押さえながら、糸をピンと張って、針に2回巻きつけます。もっと大きな結び目を作るときは、針に巻きつける回数を増やします。

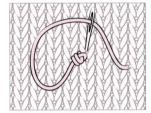

2. 糸を押さえたまま、巻きつけたところから針を抜いて、編み地のすぐそばに針を入れ、裏側に引きます。

メリヤス刺しゅう

この技法は、「スイス・ダーニング」とも呼ばれ、メリヤス編みをした部分に、色を加えたりするのに使います。この刺しゅうは編み目を完全に覆うため編み地に厚みが出るので、小さな範囲にとどめておく方がよいでしょう。先の丸いとじ針を使って、右から左へ水平に、そして下から上へ垂直に刺しゅうします。

左に向かって刺しゅうする

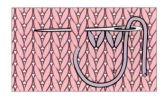

1. 糸を通したとじ針を、V字型の編み目の下から出し、刺しゅうをしたい目の上の編み目をすくいます。

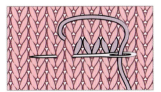

2. 慎重に糸を引っ張り、V字型の編み目の下に針を入れ、次の編み目の下から針を出します。

上に向かって刺しゅうする

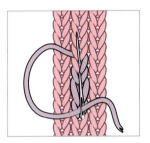

基本的には左方向へ刺しゅうするのと同じように編み目を覆いますが、上方向に縫い進めます。段数が多い場合は、一定の間隔で刺しゅうしない段を作ってください。作品がゆがむのを防ぎます。

その他の飾り

この本では、おもちゃの主な形を編んだあと、足や触角のようなパーツを付け加えたものをたくさん紹介しています。作品の仕上げは見栄えが良くなるだけでなく、おもちゃに命を吹き込みます。編み方はどれも同じで、この上なくシンプルです。とじ針と少しの余り糸だけで作れます。

まず、足や触角に必要な長さよりも長めに糸をとり、とじ針に通します。

どんな方法でもよいので、作品の内側で糸を固定します。糸の端に結び目を作って、編み地に針を通して詰め物の中に結び目を引き込んでもよいでしょう。または、体の目立たない場所（下の方など）にとじ針を通して、2、3目縫うのもおすすめです。好きな方法で足や触角をつけ、好きな長さで糸を切ります。簡単でしょう？

同じ方法で、おもちゃのてっぺんに撚り糸をつけることができます。おもちゃを猫の前にぶら下げれば、あなたも一緒に遊ぶことができます。あなたの猫は、きっと飛んだり跳ねたりするこの本のおもちゃが気に入るでしょうね。でも、Bye-bye birdie（P22）、Dragonfly drop（P78）、Butterfly kisses（P52）などの「飛ぶ」作品は、人間の目には特別効果的に見えます。

HINTS

本に書いてある通りに正確に従う必要はありません。ガイドライン、つまりはじめの一歩としてご利用ください。想像力を働かせ、思いつく限りの飾りを付け加えましょう。羽、鈴、ポンポン、リボン……本当に、そういうものが、猫は大好きです！

基 本 の 編 み 方

あなたが熟練の編み手でも、手元に基礎をおさらいできるものがあるに越したことはありません。
この本の中に出てくるすべての基本的な編み方のカンニングペーパーをどうぞ。

表編み

   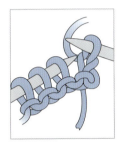

1. 右側の針を左側の針の最初の編み目に入れます。必ず編み目の左から入れましょう。

2. 後ろの糸を下から上に、右側の針に時計回りにかけます。

3. 右側の針の先で、編み目から糸のループを引き出します。

4. 左側の針から編み目をはずします。これで右側の針に新しい目がひとつできました。

裏編み

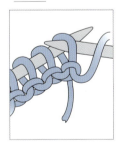   

1. 右側の針を左側の針の最初の編み目に入れます。必ず編み目の右から入れましょう。

2. 糸を手前において、右側の針に反時計回りに巻きつけます。

3. 右側の針の先で、編み目から糸のループを引き出します。

4. 左側の針から編み目をはずします。これで右側の針に新しい目がひとつできました。

減らし目

左上2目1度：2つの目を一度に編むと、2番目の目が最初の目の上になり、なだらかな形になります。右から編み目に針を入れ、裏編みをするように編むと（裏目の左上2目1度）、2つの目を裏編み（103ページ参照）することができます。

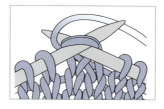

1. 右側の針を左側の針の最初の2目に手前から入れて、針の周りに糸を巻きつけます。

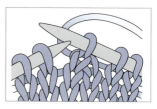

2. 糸を引き、2目を左側の針からはずします。減らし目が1目できました。

右上2目1度：この特別な減らし目をすると、編み地が左に傾きます。

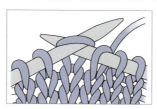

1. 右側の針を左側の針の編み目に手前から入れて、右側の針にそのまま1目移動させます。次の目も同様にします。

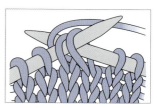

2. 左側の針をこの2つの目に入れ、一度に表編みをします。減らし目が1目できました。

増し目

バーを作る増し目：1つの目の中で、表編みを手前からと向こうからと編むのは、アメリカでは最も一般的な増し目です。新しい目の根元の右側で小さなバーを作る、なだらかで安定した増し目で、穴もあきません。

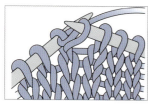

1. 編み目の手前から針を入れて糸を引きますが、編み目は左側の針にかけたままにしておきます。

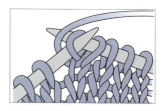

2. 左側の針の編み目の後ろの足をとって表編みをします。

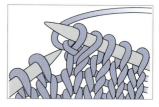

3. 左側の針から目をはずすと、右側の針に2目できています。新しい編み目のバーが左側にあることに注意してください。

ねじり増し目

編み目の間から糸を引き出して新たな目を作る、とてもなだらかな増し目です。
ここでは2つの方法をご紹介します。お好きな方で編んでください。

方法1

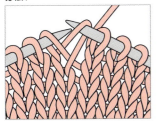
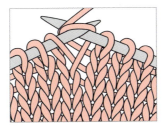
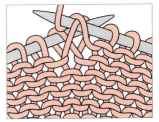

1．右側の針の先を、左側の編み目の右足（直接次の目の下部分につながっている部分）に手前から入れます。

2．これを左側の針に移し、このループに表編みをします。次の目を普通通り表編みします。

裏編みをする場合は、糸を前に置き、右側の針で編み目の下の裏編みのこぶを引き上げます。左の針に移して、普通に裏編みをします。

方法2

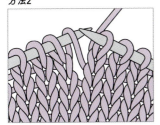
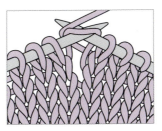
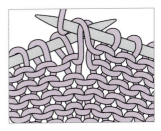

1．左右の針の間の渡り糸を引き出し、左側の針にかけます。

2．このループに右側の針の先を手前から入れて表編みします。

裏編みをする場合は、糸を前に置き、針の間の渡り糸を左側の針にかけます。右側の針の先を手前から入れて裏編みをします。

すべり目

糸を向こう側にしたまま、編まずに目を左側の針から右側の針に移します。

協力してくれた猫たち

この本に協力してくれた猫と、
彼らのヒト科の家族に心より感謝いたします。

MODEL

アネリス（シルバースポッテッドのブリティッシュショートヘア）
Susan Marchantのご好意により、29ページのモデルをしてくれました。

ビーモ
Fiona Brandfordのご好意により、61-62ページのモデルをしてくれました。

ベラ（シルバータビーのブリティッシュショートヘア）
Susan Marchantのご好意により、26、57、58、79-81ページのモデルをしてくれました。

チャーリー・ガール（黒と白の雑種）
Jane Harrisonのご好意により、50ページのモデルをしてくれました。

グレーシー（メインクーン）
Clare Eartheyのご好意により、14ページのモデルをしてくれました。

ガンター（ブラックスモークのノルウェージャン・フォレストキャット）
Yufan Chenのご好意により、48-49、86ページのモデルをしてくれました。

ホリー（メインクーン）
Clare Eartheyのご好意により、36-37、42ページのモデルをしてくれました。

ハックルベリー（メインクーン）
Clare Eartheyのご好意により、20-21、74ページのモデルをしてくれました。

リトルH（メインクーン）
Clare Eartheyのご好意により、2、69、83、89ページのモデルをしてくれました。

ローレライ（セミロングヘアの三毛、雑種）
Jane Harrisonのご好意により、32、46-47ページのモデルをしてくれました。

ルナ（オリエンタル）
Daniel Burnのご好意により、55ページ（右）のモデルをしてくれました。

ルナ（スノーベンガル、縞模様）
Alix Taylorのご好意により、10ページと12ページ（右）のモデルをしてくれました。

ムーチ（シャムの特徴をもったブリティッシュショートヘア）
Simone Hoganのご好意により、22-23、41、66、84ページのモデルをしてくれました。

オフィリア（シルバースポッテッドのブリティッシュショートヘア）
Susan Marchantのご好意により、28ページのモデルをしてくれました。

リグビー
Fiona Brandfordのご好意により、31、63ページのモデルをしてくれました。

ティリー
Melissa Quinleyのご好意により、87ページのモデルをしてくれました（プロフィール写真は107ページ）。

テュナ
Lindy Zubairyのご好意により、33、71-73、77ページのモデルをしてくれました。

ビビ（アビシニアン）
Alix Taylorのご好意により、12（左）、24、34-35、38、44-45、64、88ページのモデルをしてくれました。

ジギー（オリエンタル）
Daniel Burnのご好意により、1、4、16、19、43、52-54、55（左）、109ページのモデルをしてくれました。

TEST CAT

本当に気に入ってもらえるか確かめるために、
知り合いの猫たちに遊んでみてもらい、
お墨付きを頂戴しました。モニターを務めてくれた猫たち
(と試作してくださった飼い主の皆さん)にお礼を申し上げます。

アンジェリーナとライリー(と飼い主の Stefanie Freeman)
アーティー(と飼い主の Aldona Shumway)
アーティミス(と飼い主の Vivian Lee)
オースティンとギディオン(と飼い主の Amy Hedgecoke)
ブリギッドとファーガス(と飼い主の Claire Piper)
チャーリー(と飼い主の Petrina Rooney)
ディアブロとコッパー(と飼い主の Jennifer Hood)
フェイス(と飼い主の Lorysa Cornish)
グリーリー(と飼い主の Joanne Thomas)
マダム・ミム(と飼い主の Gabriele)
マイケル(と飼い主の Karen Woodie)
ミング(と飼い主の Karen)
ミッシー(と飼い主の Teresa Morneau)
オリビアとモリス(と飼い主の Rosemary Chapman)
パッチ(と飼い主の Emily Parkerson)
スプライトとウィスク(と飼い主の Kristin Murray)
ストーミー(と飼い主の Kendise Dunn)
ティリー(と試作してくれた Ann Silberlicht)

ライリー

マダム・ミム

ミッシー

ティリー

ウィスク

アーティミス

マイケル

オースティンとギディオン

略　語

Kfb

1つの目の手前からと向こうから表編みをする

Kfbf

1つの目の中で、表編みを手前から、向こうから、手前から編む

Kfbfbf

1つの目の中で、表編みを手前から、向こうから、手前から、向こうから、手前から編む

110 KEY SKILLS

索 引

〈あ〉
i-cord（アイコード）........................ 96
アザミのネコじゃらし 46-49
編み終わりの始末 99
アライグマのしっぽ 86-87

〈い〉
糸端 96
イモムシに首ったけ 70-71

〈う〉
裏編み 103

〈お〉
お誕生日おめでとう! 56-59
表編み 103
表にひびかない糸始末の仕方 96

〈か〉
かぐわしいキノコ 76-79
飾りのつけ方（その他の飾り）... 102

〈き〉
キッチナーステッチ（メリヤス接ぎ）
.... 98

〈き〉（続）
キャットニップ（西洋またたび）...... 93

〈く〉
クモがおりてきた 68-69
クリスマスのオーナメントボール
.... 44-45

〈け〉
毛糸 92

〈こ〉
小エビちゃん 74-77
小鳥さんバイバイ 72-75

〈さ〉
最初の目の作り方 94
材料と用具 92-93
サテンステッチ 101
砂漠のヘビ 34

〈し〉
幸せを呼ぶ緑色のカエル 70-73
刺しゅう 100-101
　ランニングステッチ 100

〈す〉（の前に）
バックステッチ 100
サテンステッチ 101
フレンチノットステッチ 101
メリヤス刺しゅう 101
手芸綿 93

〈す〉
すいすいトンボ 78-81
すべり目 105
すやすやニャンコ 50-51

〈ち〉
ちびミトン 42-43
ちゅうちゅうネズミに夢中! 10-13

〈つ〉
作り目の仕方 94
　親指を使う方法 94
　ケーブルエッジの作り目 94
　編んで作る作り目 94
詰め物 93, 99

〈て〉
デシルの店のドーナツ 14-15
テントウムシのお嬢さん 82-85

ESSENTIAL STITCHES 111

〈と〉
トカゲとジャンプ…………64-67
とじ針………………………93

〈に〉
庭のカタツムリ……………36-37

〈ね〉
ねじり増し目………………105

〈は〉
はさみ………………………93
バックステッチ……………100
バッタ先生…………………38-41
針……………………………92-93

〈ひ〉
引き返し編み（ラップ＆ターン）……97
ひらひらチョウチョ………57-55

〈ふ〉
伏せ止めと最後の始末の仕方………96
フレンチノットステッチ……101
ぶんぶんハチさん…………30-33

〈へ〉
減らし目……………………104
　左上2目1度………………104
　右上2目1度………………104

〈ほ〉
棒針…………………………92
　棒針サイズ比較表…………92
　竹製の針……………………95
ぼくのテディベア…………16-19

〈ま〉
増し目………………………104
　バーを作る増し目…………104

〈み〉
水からあがった魚…………60-63

〈め〉
メジャー……………………93
目数段数計…………………93
メリヤス刺しゅう…………101
メリヤス接ぎ（キッチナーステッチ）
　……………………………98
目を拾って編む……………96

〈ら〉
ランニングステッチ………100

〈り〉
両端で糸をくぐらせる……99

〈れ〉
レイジーデイジー…………88-89

〈わ〉
輪に編む……………………95

謝辞

試作してくれた Rabbit Hole Knits の編み手の皆さんに、深く深く感謝します。やさしくて心のあたたかい、すばらしい人たちばかり！ 夫のマークに一番の感謝を捧げます。スタートから私を支え、励まし、信じ続けてくれてありがとう。愛してるわ。

写真の著作権

Stephanie Zieber、Shutterstock.com、91ページ右上
BW Folsom、Shutterstock.com、93ページ右下
Ermolaev Alexander、Shutterstock.com、45ページ上

そのほかの写真の著作権はQuarto Publishing社に帰属します。写真をご提供くださった皆さまのお名前の記載には万全を期しましたが、万が一漏れや誤りがございましたら、心よりお詫び申し上げ、再版時に訂正いたします。

KNITS FOR KITTIES
猫あそび手芸
猫が夢中になる
編みぐるみのおもちゃ25

2017年2月10日　初版第1刷発行

著者　　サラ・エリザベス・ケルナー
訳者　　安武優子　上川典子

発行者　澤井聖一
発行所　株式会社エクスナレッジ
　　　　〒106-0032　東京都港区六本木7-2-26
　　　　http://www.xknowledge.co.jp

問合せ先　編集　TEL：03-3403-6796
　　　　　　　　FAX：03-3403-0582
　　　　　　　　info@xknowledge.co.jp
　　　　　販売　TEL：03-3403-1321
　　　　　　　　FAX：03-3403-1829

無断転載の禁止
本書掲載記事（本文、図表、イラスト等）を当社および著作権者の承諾なしに無断で転載（翻訳、複写、データベースへの入力、インターネットでの掲載等）をすることを禁じます。